中外文稀有版本文献

《路德维希·费尔巴哈和德国古典哲学的终结》

①

德 文 版

【德】弗里德里希·恩格斯 ◎ 著

图书在版编目(CIP)数据

《路德维希·费尔巴哈和德国古典哲学的终结》中外文稀有版本文献:汉文、英文、德文/(德)恩格斯著.—北京:中央编译出版社,2022.9

ISBN 978-7-5117-4224-7

Ⅰ.①路… Ⅱ.①恩… Ⅲ.①《路德维希·费尔巴哈和德国古典哲学的终结》-汉、英、德 Ⅳ.① A124

中国版本图书馆 CIP 数据核字(2022)第 139987 号

《路德维希·费尔巴哈和德国古典哲学的终结》中外文稀有版本文献

策划统筹	张远航
责任编辑	郑永杰　周雪凝
责任印制	刘　慧
出版发行	中央编译出版社
地　　址	北京市海淀区北四环西路 69 号 (100080)
电　　话	(010) 55627391 (总编室)　　(010) 55627312(编辑室)
	(010) 55627320 (发行)　　　(010) 55627377 (网站)
经　　销	全国新华书店
印　　刷	北京环球画中画印刷有限公司
开　　本	710 毫米 ×1000 毫米　1/16
字　　数	1097 千字
印　　张	79.25
版　　次	2022 年 9 月第 1 版
印　　次	2022 年 9 月第 1 次印刷
定　　价	1980.00 元 (全 7 册)

新浪微博:@ 中央编译出版社　微　信:中央编译出版社 (ID:cctphome)
淘宝店铺:中央编译出版社直销店 (http://shop108367160.taobao.com)
　　　　　(010) 55627331

本社常年法律顾问:北京市吴栾赵阎律师事务所律师　闫　军　梁　勤
凡有印装质量问题,本社负责调换。电话:(010) 55626985

《路德维希·费尔巴哈和德国古典哲学的终结》的出版与传播

（代序）

马克思主义的产生和发展一直离不开翻译，它同形形色色的错误思潮进行斗争的过程同样离不开翻译。马克思主义奠基人（尤其是恩格斯）极为重视翻译工作，认为这是一项意义重大的革命工作，"马克思的理论正是在目前对社会主义运动产生着巨大的影响"[1]，然而，只有准确翻译出版马克思的著作，才能帮助剔除掉社会主义运动中错误思潮对工人的影响，比如恩格斯打算出版《资本论》的法译本，目的就是希望"使法国人摆脱蒲鲁东用对小资产阶级的理想化把他们引入的谬误观点"[2]。恩格斯同样重视马克思主义著作的翻译，"最近十年国际社会主义文献的巨大增长，特别是马克思和我以前的著作的译本的数量"的增长，认为这些"文献的增加……是国际工人运动本身相应发展的一个象征"[3]。因此，梳理《路德维希·费尔巴哈和德国古典哲学的终结》（简称《费尔巴哈论》）的翻译出版对于了解和掌握社会主义运动的发展和马克思主义的传播情况具有重要意义。

---

[1] 《马克思恩格斯文集》第5卷，北京：人民出版社2009年版，第34页。
[2] 《马克思致路德维希·毕希纳（1867年5月1日）》，《马克思恩格斯全集》第31卷，北京：人民出版社1972年版，第546页。
[3] 《资本论》第3卷，《马克思恩格斯文集》第7卷，北京：人民出版社2009年版，第3页。

一 《费尔巴哈论》的最初出版和译介

《路德维希·费尔巴哈和德国古典哲学的终结》及其序言是恩格斯晚年时期最重要的著作之一。恩格斯在 1886 年初接受《新时代》杂志社约稿,以德文写了一篇关于施达克《路德维希·费尔巴哈》的书评。这篇长篇的书评发表在 1886 年《新时代》杂志第 4 期和第 5 期。时隔两年之后,为了便于阅读和传播,恩格斯又于 1888 年在斯图加特出版单行本,并且给这个单行本写了序言。

这个小册子甫一出版就受到了同情和信仰马克思主义的人(尤其是那些理论家兼革命家)的关注。《费尔巴哈论》出版后不久,法国人就开始关注这个小册子。1894 年,巴黎的杂志《新纪元》第 4 期和第 5 期上刊登了劳拉·拉法格翻译并经恩格斯审阅过的译文。恩格斯对这个小册子的整个翻译过程都给予了关注。在翻译过程中,恩格斯就给左尔格写信说:"劳拉·拉法格正在把我的《费尔巴哈》译成法文,而且即将在巴黎出版。"① 此外,恩格斯还把这件事情告诉了考茨基,并对这个译本给予了高度评价:"劳拉·拉法格正在把我的《费尔巴哈》译成法文供《新纪元》发表和以后出单行本,狄茨知道这件事定很高兴。前一半我已看过。她的译文忠实而流畅。"②

除了上述译本,《费尔巴哈论》陆续出版了不同语言的译本,它们分别是:(1)1890 年,这个小册子的波兰文版翻译出版;(2)1892 年,这本书出版了保加利亚文译本;(3)同一年,葡萄牙译本问世。③

---

① 恩格斯:《致弗里德里希·阿道夫·左尔格(1893 年 12 月 30 日)》,《马克思恩格斯全集》第 39 卷,北京:人民出版社 1974 年版,第 184 页。值得注意的是,我们一般将《路德维希·费尔巴哈和德国古典哲学的终结》简称为《费尔巴哈论》,而恩格斯似乎将之简称为《费尔巴哈》。实际上,我们在后文中还会看到,不同的人对这部著作的简称不尽相同,因此我们在阅读与之相关的文献时要注意这一点。
② 恩格斯:《致卡尔·考茨基(1894 年 1 月 9 日)》,《马克思恩格斯全集》第 39 卷,北京:人民出版社 1974 年版,第 190 页。
③ 参见《马克思恩格斯文集》第 4 卷,北京:人民出版社 2009 年版,第 603 页,注释 168。

―――― 《路德维希·费尔巴哈和德国古典哲学的终结》的出版与传播（代序）

然而尽管恩格斯在写《费尔巴哈论》时居住在伦敦，但这本非常重要的小册子的英译本出现得比较晚。根据资料显示，《费尔巴哈论》最早是在1917年翻译成英文的，题目是《费尔巴哈：社会主义哲学的根源》。完整的英译本最早出现在1941年，译者是刘易斯，他还写了评论性导言。截至目前，这个小册子共有四个完整的英文译本，它们分别是1936年杜德编辑出版的收录了马克思和恩格斯关于辩证唯物主义的其他材料的伦敦和纽约版、1941年的纽约版、1946年拉斯克编的莫斯科和伦敦版，以及1950年的莫斯科版（这个版本包括马克思的《关于费尔巴哈的提纲》）。①

尽管处在遥远的东方，日本在马克思主义著作的译介方面并不逊于某些西方国家。《费尔巴哈论》的最早日文本于1927年就已经出现，这在某种程度上不但推动了日本马克思主义的发展，而且还有助于中国马克思主义思想的引介和传播。②

二 《费尔巴哈论》在俄国的传播

作为世界上第一个社会主义国家，单独研究《费尔巴哈论》在俄国的译介出版具有特别的意义。根据已有的文献资料，我们能够判断这

---

① *Feuerbach, The Roots of the Socialist Philosophy*, Translated with a critical introduction by Austin Lewis, Chicago: Charles H. Kerr & Co., 1916. 几个完整的译本分别是：（1）*Ludwig Feuerbach and the Outcome of Classical German Philosophy*, With an appendix of other material of Marx and Engels relating to dialectical materialism, Edited by C. P. Dutt, London：Lawrence & Wishart, 1936；New York：International Publishers Co., 1970.（2）*Ludwig Feuerbach and the Outcome of Classical German Philosophy*, New York：International Publishers, 1941.（3）*Ludwig Feuerbach and the Outcome of Classical German Philosophy*, Edited by I. B. Lasker，Moscow：Foreign Languages Publishing House, 1946；London：Lawrence & Wishart, 1947.（4）*Ludwig Feuerbach and the End of Classical German Philosophy*, Moscow：Foreign Languages Publishing House, 1950；Moscow：Progress Publishers, 1969. 这些版本的信息参见尤班克斯编：《马克思恩格斯著作目录和马克思主义参考书目》，北京：书目文献出版社1987年版，第44—45页。

② 关于日文本最早出现年份的判断，本文转引自韩立新：《"日本马克思主义"：一个新的学术范畴》，见〔日〕望月清司：《马克思历史理论的研究》，韩立新译，北京：北京师范大学出版社2009年版，"总序"第3页。关于日本马克思主义对中国马克思主义的影响参见下文第四章第三节的相关内容和注释。

个本子最早受到关注并试图传入的国家之一就是俄罗斯。1889年,《费尔巴哈论》的俄译文就在圣彼得堡的《北方通报》杂志(第3期和第4期)上发表了,不过题目改成了"德国古典唯心主义哲学的危机",遗憾的是,在发表的过程中,杂志没有标明作者,仅仅是在文章下面注上了译者格·弗·李沃维奇的署名"格·李·"。关于这个版本与马克思主义之间的关系我们无从考证,但之后几乎所有的译本都与马克思主义组织和马克思主义的传播有关。

(一) 劳动解放社与《费尔巴哈论》翻译出版

我们知道,普列汉诺夫的译本是比较早的,而且也是比较权威的译本。1892年《劳动解放社》在日内瓦用单行本出版了由格·瓦·普列汉诺夫翻译的全译文。与众不同的是,普列汉诺夫在把弗·恩格斯德文版的《路德维希·费尔巴哈和德国古典哲学的终结》译成俄文后,在出版时附加上了序言和注释,这个序言就是《译者的话》,注释则包括两部分,即:"普列汉诺夫为恩格斯《费尔巴哈与德国古典哲学的终结》一书俄译本第一版所写的注释"和"原校订本第一版的注释"。[①] 他所附加的序言和注释对于我们准确把握马克思主义有着非常重要的作用。但普列汉诺夫的《费尔巴哈论》俄译本之所以能够产生巨大影响,是因为俄国的马克思主义者是在有组织地翻译马克思和恩格斯的著作,而这个组织就是劳动解放社。

劳动解放社,俄国的第一个马克思主义组织,于1883年9月25日在日内瓦成立,于1903年解散。这个组织成立伊始就发表了普列汉诺夫起草的被视为劳动解放社成立宣言的文章《关于出版〈现代社会主义丛书〉问题》,其中明确指出俄国"革命的知识分子首先要确立现代社会主义世界观",但当时的社会主义出版物"很难满足"这一要求,

---

[①] 《普列汉诺夫为恩格斯〈费尔巴哈与德国古典哲学的终结〉一书俄译本第一版所写的序言(〈译者的话〉)和注释》,载《普列汉诺夫哲学著作选集》第1卷,北京:生活·读书·新知三联书店1961年版,第502—563页。

因此它开始着手出版《现代社会主义丛书》①，开始"系统地传播马克思和恩格斯的著作"。②

普列汉诺夫认为，《现代社会主义丛书》是一种新的尝试，并提出了自己的主要任务："（1）通过把马克思和恩格斯学派最重要的著作（注意到不同修养程度的读者需要一些原著）译成俄文的方式，传播科学社会主义思想。（2）从科学社会主义观点和俄国劳动人民的利益出发，批判在我们革命者中间占统治地位的学说，并深入研究俄国社会生活中的最重要的问题。"③ 劳动解放社在组织翻译马克思和恩格斯著作的过程中得到了恩格斯的大力支持和高度评价。恩格斯不但推荐可以优先翻译的著作，替译者解答问题，而且答应对某些著作的翻译给予一切帮助。恩格斯对劳动解放社以及它翻译的自己和马克思的著作最初的俄译本给予了很高评价，认为劳动解放社是"他能够把自己和马克思的著作委托出版的唯一的侨外俄国革命团体"④。

在《现代社会主义丛书》中，劳动解放社选译的重要著作包括《费尔巴哈论》。⑤ 列·阿·列文认为，《现代社会主义丛书》中选译著作的质量比较高，而且这些译本对俄国的社会主义革命运动具有重要意义。此外，这套丛书还有一个优点——"附有译者的序言和注释"，但他又认为，"在很多序言和注释中存在严重的错误"。他专门指出，普

---

① 〔俄〕普列汉诺夫：《关于劳动解放社的三篇史料·关于出版〈现代社会主义丛书〉问题》，载《世界历史》1983 年第 5 期，第 91 页。
② 周邦：《"劳动解放社"的历史地位和作用》，载《国际共运史研究资料》1983 年第 2 期，第 30 页。
③ 《格·瓦·普列汉诺夫遗著》第 8 卷第 1 册，1940 年莫斯科版，第 29 页。另参见《关于出版〈现代社会主义丛书〉问题》以及列文的《马克思恩格斯著作的发表和出版》，周维译，北京：生活·读书·新知三联书店 1976 年版，第 135 页。
④ 《格·瓦·普列汉诺夫遗著》第 8 卷第 1 册，1940 年莫斯科版，第 29 页。另参见《关于出版〈现代社会主义丛书〉问题》以及列文的《马克思恩格斯著作的发表和出版》，周维译，北京：生活·读书·新知三联书店 1976 年版，第 136 页。
⑤ 另外还有 4 本书，即恩格斯的《社会主义从空想到科学的发展》（1884 年、1892 年、1902 年）、马克思的《关于自由贸易的演说》（1885 年）、马克思的《哲学的贫困》（1886 年）和恩格斯的《论俄国的社会问题》（1894 年）。马克思和恩格斯的这 5 本著作分别是由普列汉诺夫和查苏利奇翻译完成的，前者翻译的是《关于自由贸易的演说》和《费尔巴哈论》，其余由查苏利奇翻译完成。

列汉诺夫给《费尔巴哈论》写的序言就有观点和立场上的错误,比如他认为普列汉诺夫提到的"象形文字论"就具有"康德主义的符号论"色彩,它是对"马克思主义的认识论"的修正。①

应该说,正是由于劳动解放社,马克思和恩格斯的著作才通过普列汉诺夫等人得到了通俗解释,推动了俄国马克思主义的产生和发展。列宁对此评价道:"俄国的马克思主义是在十九世纪八十年代初期的一个侨民团体(劳动解放社)的著作中产生的。"② 这个团体则成了俄国"科学社会主义的奠基者、代表者和最忠实的捍卫者"③,它的理论活动为俄国的社会民主主义运动的发展和工人阶级政党的建立扫清了道路,因而在列宁看来它"在理论上为社会民主主义奠定了基础","走了迎接工人运动的第一步"。④

(二) 第一次俄国革命时期《费尔巴哈论》的译介和传播

在劳动解放社解散之后,俄国紧接着进入了第一次革命时期(1905—1907年)。列文认为,这一时期是"在俄国出版和传播马克思和恩格斯著作方面的新的标志",由于革命形势的发展,政府逐渐放开管制,开始允许在俄国刊印马克思主义的著作。⑤ 在这一时期,马克思主义著作的翻译出版出现了一些新特征,除了像布尔什维克这样的马克思主义者出版马克思和恩格斯的著作,孟什维克也开始关注这一领域。一般来说,在此期间,马克思恩格斯的著作出版在俄国经历了三个阶段:"(1)国外阶段,(2)受到审查阶段,(3)不受审查阶段。"⑥

---

① 参见〔苏〕列文:《马克思恩格斯著作的发表和出版》,周维译,北京:生活·读书·新知三联书店1976年版,第133—134页。
② 《列宁全集》第15卷,北京:人民出版社1959年版,第367页。
③ 周邦:《"劳动解放社"的历史地位和作用》,载《国际共运史研究资料》1983年第2期,第36页。
④ 《列宁全集》第20卷,北京:人民出版社1958年版,第275页。
⑤ 〔苏〕列文:《马克思恩格斯著作的发表和出版》,周维译,北京:生活·读书·新知三联书店1976年版,第135、154页。
⑥ 〔苏〕列文:《马克思恩格斯著作的发表和出版》,周维译,北京:生活·读书·新知三联书店1976年版,第160页。

———《路德维希·费尔巴哈和德国古典哲学的终结》的出版与传播（代序）

在第一个阶段（即国外阶段）的1905年7月，孟什维克编辑出版了一套《科学社会主义丛书》，其中包括恩格斯的《费尔巴哈论》。根据列文的看法，这一版本仍是普列汉诺夫翻译，并新加了长篇序言，扩充了注释，因此是一个相对完整的版本。但是由于普列汉诺夫与孟什维克主义发展的密切关联，所以他的序言和注释中包含着严重的错误，比如，他"把马克思和恩格斯的唯物主义解释成为独特的斯宾诺莎主义"，并对革命中无产阶级的领导权和领袖（即列宁）进行了攻击。然而，随着革命的失败，马克思和恩格斯的个别著作开始被取缔，其中包括恩格斯的《费尔巴哈论》。因而，被保留下来的主要是1905年以前的版本。①

（三）苏维埃建立后《费尔巴哈论》的翻译出版

随着十月革命的胜利和苏维埃制度的建立，在苏联党和国家领导人的关心下②，马克思和恩格斯著作的研究、译介和出版传播进入了一个新阶段，苏联不但建立了世界上第一个马克思恩格斯列宁学院，而且对其著作的出版更具规模。当时，国家给马克思恩格斯列宁学院及其杰出的领导人、著名马克思主义文献学家梁赞诺夫规定的任务是"收集、保存、研究和科学地发表马克思、恩格斯……的遗著"③。

为此，马恩学院建立了一个科学图书馆，并于1923—1926年间开始拍摄保存在德国社会民主党档案中保存的马克思恩格斯手稿和书信的原件。在广泛收集资料的基础上，马恩（列）研究院在1928年开始出版《马克思恩格斯全集》（俄文版第一版）以及《马克思恩格斯文库》

---

① 〔苏〕列文：《马克思恩格斯著作的发表和出版》，周维译，北京：生活·读书·新知三联书店1976年版，第167、161页。

② 比如，列宁早在1921年就询问梁赞诺夫关于马克思恩格斯的书信和著作的收集情况："你们图书馆里有没有从**各种报纸**和某些杂志上**搜集来的**马克思和恩格斯的**全部书信**？……有没有**全部书信的目录**？"2月2日，列宁再次给梁赞诺夫写信："……（5）我们有没有希望在莫斯科收集到马克思和恩格斯发表过的**全部材料**？（6）**在这里已经收集到的材料**有没有目录？(7) 马克思和恩格斯的书信（或复印件）由我们来收集，此议是否可行？"参见《列宁全集》第50卷，北京：人民出版社1988年版，第107页。

③ 〔苏〕列文：《马克思恩格斯著作的发表和出版》，周维译，北京：生活·读书·新知三联书店1976年版，第172页。

(并不是 MEGA¹),后者主要收录的是马克思恩格斯之前没有发表过的原始文献。① 在苏联,马克思恩格斯著作的出版随着社会形势的变化不断变化,但苏维埃俄国始终重视马克思恩格斯等著作的出版。1933 年,苏联又出版了两卷本的《马克思恩格斯文选》,其主要收录的是"主要的(篇幅不大的)著作",《费尔巴哈论》被收录于第一卷。

1948 年,国家政治书籍出版社出版了《费尔巴哈论》,其中收录了马克思的《关于费尔巴哈的提纲》。列文认为,这是一个最准确的版本,因为普列汉诺夫之前的译本已经根据德文原文进行了校订和修改。②

《费尔巴哈论》在《马克思恩格斯全集》俄文版的第一版和第二版中均被收录。在俄文版第一版中,它被收录于第 14 卷第 633—678 页,在第二版中被收录于第 21 卷第 267—317、370—371 页。

三 《费尔巴哈论》在国内的译介和传播

在 19 世纪末 20 世纪初,中国面临亡国灭种的大危机,如何走出这种危机,实现民族复兴,几乎成了近现代志士仁人的共同目标。经过数十年的探索,他们认识到只有开启民智、启蒙民众,才能实现救国之目标。毫无疑问,翻译介绍西方思潮是实现启蒙和救亡双重目的的重要途径。梁启超先生在《论译书》中写道:"苟其处今日之天下,则必以译书为强国第一义,昭昭然也!"③ 实际上,在中国翻译史上占据重要地位、对中国翻译确定了标准的严复早就认识到了这一点,他指出:"然终谓民智不开,则守旧维新两无一可。即使朝廷今日不行一事,抑所为皆非,但令在野之人后生英俊洞识中西实情者日多一日则炎黄种类未必

---

① 〔苏〕列文:《马克思恩格斯著作的发表和出版》,周维译,北京:生活·读书·新知三联书店 1976 年版,第 174—175 页。
② 〔苏〕列文:《马克思恩格斯著作的发表和出版》,周维译,北京:生活·读书·新知三联书店 1976 年版,第 201 页。
③ 梁启超:《论译书》,见《翻译研究论文集(1894—1948 年)》,北京:外语教学与研究出版社 1999 年版,第 10 页。

《路德维希·费尔巴哈和德国古典哲学的终结》的出版与传播（代序）

遂至沦胥；即不幸暂被羁縻，亦将有复苏之一日也。所以屏弃万缘，惟以译书自课。"① 在整个西学东渐的思想大潮和救亡图存的过程中，由于马克思主义的科学性以及在实践上取得的胜利，马克思主义经典著作的翻译同样受到了重视。而在马克思主义所有的经典著作中，恩格斯的《费尔巴哈论》成了最受关注且译本最多的著作之一。

（一）新中国成立前《费尔巴哈论》的中文版本

尽管在新中国成立前还没有国家作为后盾来支持马克思和恩格斯著作的翻译，但他们的著作仍然有不少人感兴趣，而且在某种程度上还不自觉地形成了一种"百花齐放"的局面。恩格斯的《费尔巴哈论》就有多个译本。兹根据出版时间列举如下：

最早的应该是彭嘉生先生的译本，上海南强书局于1929年初出版，书名为《费尔巴哈论》。② 这是一个非常完整的译本，附有恩格斯序言，而且译者在翻译过程中给四章分别加上了小标题："从黑格尔到费尔巴哈""观念论与唯物论""费尔巴哈的宗教哲学及伦理学"和"辩证法的唯物论"。此外，这个译本还有两点值得注意。一是它在附录中增加了五篇文献：（1）马克思的《费尔巴哈论纲》③，（2）恩格斯的《费尔巴哈论》补遗④，（3）恩格斯的《史的唯物论》⑤，（4）马克思的《法兰西唯物史论》⑥，（5）恩格斯的《马克思的唯物论及辩证法》⑦。二是它在正文前附上了董克尔撰写的《编者序言》（写于1927年2月），在

---

① 严复：《严复集》第三册，北京：中华书局1986年版，第525页。
② 有的研究文献认为，《费尔巴哈论》最早的中译本是林超真的译本（该译本的详细情况见下文），但根据笔者的考察，这里似乎存在一些误解。真正的译本应该是彭嘉生的译本。
③ 即马克思版本的《关于费尔巴哈的提纲》。——编者注
④ 编者未能考察出这部分的准确出处。
⑤ 根据译者的注释，这部分取自《社会主义从空想到科学的发展》（译者名之为《从空想到科学的社会主义底发展》）英译本1892年的序言。参见恩格斯：《费尔巴哈论》，彭嘉生译，上海：上海南强书局1929年版，第146页。
⑥ 即《神圣家族》中的"对法国唯物主义的批判的战斗"部分。
⑦ 根据译者的注释，这部分是从马克思的《经济学批判》的评论（1895年）中抄录出来的，但译者又指出恩格斯将这一评论发表于1859年《大众》（*Das Volk*）上。显然，这个解释存在着矛盾，因此，我们也未能完全判断出这一部分的准确出处，以后有待继续考证之。

书后附有译者后记（写于1929年12月）。这个译本是根据法国人赫尔曼·董克尔（Hermann Duncker）编辑的德文本翻译的，同时参照了英译本和日译本。① 这个译本分别在1932年和1935年进行了再版。中共中央马克思恩格斯列宁斯大林著作编译局（以下简称为"中央编译局"）图书馆收藏了该译本。②

同年12月出版了林超真的译本，其书名接近原书，为《费儿巴赫与德国古典哲学的末日》，而且附有恩格斯的序言、普列汉诺夫的序言（俄文本第二版序）以及《关于费尔巴哈的提纲》。③ 这个译本载于《宗教·哲学·社会主义》。这个译本是根据拉法格等人翻译的法译本翻译过来的④，而且译者在翻译时没有参考恩格斯的德文原文，只有部分内容与俄文进行了对照。

第三个译本是向省吾翻译，书名为《费尔巴哈与古典哲学的终末》。这个译本是全译文，但没有收录序言，该译本由上海江南书局于1930年4月出版。这个版本在目录中标上了五篇附录性文献，但在正文中却没有刊印出来。这个译本与彭嘉生的译本一样，附上了两个序言，即译者序（写于1929年9月）和编者序（亦即赫尔曼·唐克尔⑤所写序言）。这个译本依据的蓝本是德文《马克思主义文库》第3卷，同时参照了日译本。

---

① 为了让读者更加全面地了解早期译者的序言，我们在本书的附录"研究文献精选"中把董克尔的编者序言收录其中。客观讲，尽管这个编者序言与目前的研究比起来比较简略，但它也表明了早期人们对《费尔巴哈论》的关注（角度）。

② 参见《费尔巴哈论》，上海：上海南强书局1929年版。同时参见北京图书馆马列著作研究室编：《马克思恩格斯著作中译文综录》，北京：书目文献出版社1983年版。

③ 名为《马克思：费儿巴赫论纲要》，参见恩格斯：《宗教·哲学·社会主义》，林超真译，上海：亚东图书馆1929年版，第229—372页。

④ Fr. Engels, *Religion*, *Philosophie*, *Socialisme*, Traduit Par Paul et Laura Lafargue, Paris, Librairie G. Jacques et Oie, 1901.

⑤ 原文如此，即为董克尔，不同版本译法不同，保留原文译法。——编者注

第四个译本是杨东莼①、宁敦伍翻译出版的《机械论的唯物批判论》，它是由上海昆仑书店于1932年5月出版，其中收录了除了马克思恩格斯之外的马克思主义者普列汉诺夫所写的注释。这本书在书后所附的附录最为全备，包括8篇文章：（1）马克思的《费尔巴哈论纲》，（2）恩格斯的《费尔巴哈论》补遗，（3）恩格斯的《史的唯物论》，（4）马克思的《法兰西唯物史论》，（5）恩格斯的《马克思的唯物论及辩证法》，（6）马克思的《费尔巴哈论纲原稿译文》，（7）马克思的《观念论的见解与唯物论的见解之对立》②，（8）《蒲列汉诺夫对费尔巴哈的序文和评注》。③ 书前有《发行者序言》，署名：赫尔曼·唐克尔。

第五个译本是青骊所译，由上海社会主义研究社于1932年11月出版，书名为《费尔巴哈论》。这个译本的最大特点是英汉对照，其中第31—97页为中译文，分四节，每节有标题，文前有序言。这本书的附录也收了马克思的《费尔巴哈论纲》，书前还有中译者序言（写于1932年11月20日）、英译者导言以及《社会主义名著译丛总序》。本书是根据黎威奥斯丁的英文本转译的。

第六个译本是摘译本，译者柳若水以黑格尔哲学批判为主题选取了费尔巴哈、马克思和恩格斯等人的十篇关于黑格尔哲学的著作，撷取其中的重要段落，翻译之后集结成册，书名为《黑格尔哲学批判》。这本书收录的是恩格斯的《费尔巴哈论》的第1节，并将之命名为《从黑

---

① 杨东莼所翻译的最为人所熟知的著作是摩尔根的《古代社会》。摩尔根的书受到了马克思和恩格斯的高度关注，并被二人在不同的文献中大量引用。尽管人们没有研究《费尔巴哈论》与摩尔根的《古代社会》之间的关系，但众所周知，马克思和恩格斯对《古代社会》所做的研究成果都是在《费尔巴哈论》之前出版的，这两本书之间的关系，尽管在文本上没有直接相关性，但在思想上应该是一致的。

② 这部分内容出自《德意志意识形态》（原文译为《德意志观念形态论》）中的"费尔巴哈"章的"一般意识形态，特别是德国哲学"部分。

③ 普列汉诺夫所写的《费尔巴哈论》俄译本第一版序言和第二版序言都收录其中，但与第一版序言密切相关的注释没有收录。除此之外，这部书收录的附录内容与彭嘉生译本大体上相同，但内容更丰富。

格尔到费尔巴哈》(*von Hegel bis Feuerbach*)①。

第七个译本是韬奋摘译的《费尔巴哈论》第四章的一个脚注，篇名为《恩格斯的自白》，载《读书偶译》。②

第八个译本，同时也是对新中国成立后翻译的《费尔巴哈论》影响最大的译本，是由张仲实先生翻译、生活书店于1937年12月出版的。这本书甫一出版就受到欢迎和关注，因此时隔不久（1938年2月）就在汉口再版。这个译本是全译文，而且附上了序言，还附录马克思《关于费尔巴哈的提纲》，书前有译者序言（写于1937年8月1日），以及《伟大的哲学家》和《费尔巴哈与新兴哲学》两篇介绍文章。这个版本是竖排平装本，书名定为《费尔巴哈论》，书的扉页上印有"世界名著译丛之二"字样。接下来，在1938年4月，上海书店仍以《费尔巴哈论》为名进行了再版。这个版本目前由上海图书馆收藏。

接近新中国成立时，即1949年9月，北京解放社重印，但注明的却是初版。这一版仍为竖排平装本，但书名已经改成了《费尔巴哈与德国古典哲学的终结》（仍是全译文），而且这个版本附上了序言和马克思的《费尔巴哈论纲》，书前有译者序言（写于1949年6月8日），文中有著者注、俄文版编者注和译者注。本版根据《马克思恩格斯文选》（两卷本）1948年俄文版重新校正。

在新中国成立后，这个版本不断出版，根据资料显示，在新中国成立之后至少出现过多个版本，都是以新中国成立前的译本为基础进行的再版。现对这些版本列举如下：

（1）在新中国成立之初，《费尔巴哈论》就在1949年11月出版了解放社上海版的竖排平装本。这个版本是根据1949年9月校正版重印的，本版现收藏于浙江省图书馆。（2）解放社于1949年11月出

---

① 参见《黑格尔哲学批判》，上海：辛垦书店1935年版，第172—189页。其中收录了费尔巴哈的《黑格尔哲学批判》，马克思的《黑格尔法律哲学批判导言》（即《黑格尔法哲学批判导言》）、《黑格尔辩证法及哲学一般之批判》（即《1844年经济学哲学手稿》中的《对黑格尔的辩证法和整个哲学的批判》）和《黑格尔现象学批判草案》，恩格斯的《关于黑格尔》和《从黑格尔到费尔巴哈》。

② 参见韬奋编译：《读书偶译》，上海：韬奋出版社1937年版，第119页。

版了大连版的竖排平装本,这个版本也是根据 1949 年 9 月校正版重印的,目前该版由中央编译局图书馆收藏。(3) 根据资料显示,北京人民出版社于 1949 年 9 月出版了《费尔巴哈与德国古典哲学的终结》(第一版),书后附有《译者后记》(写于 1953 年 3 月 3 日),书名根据《马克思恩格斯文选》(两卷本)俄文版校订,并经陈昌浩校阅。1954 年 8 月,北京人民出版社出版了第二版。1957 年 10 月,北京人民出版社第三版,尽管书名是《费尔巴哈与德国古典哲学的终结》,但书后附加上了 65 条注释和人名索引以及《普列汉诺夫为恩格斯〈费尔巴哈与德国古典哲学的终结〉一书俄译本所写的序言和注释》和《对普列汉诺夫译文的注释》,译者于 1956 年 9 月 24 日为第三版写了《中译本第三版校订后记》。(4) 1964 年 6 月,人民出版社出版大字本的《费尔巴哈论》,共分为 2 册,为横排函装本,并于 1965 年 1 月改版,书名为《费尔巴哈与德国古典哲学的终结》,书后附注释(87 条)和人名索引,以及《普列汉诺夫为恩格斯〈费尔巴哈与德国古典哲学的终结〉一书俄译本所写的序言和注释》,本书马恩著作部分是张仲实译,经中共中央编译局根据《马克思恩格斯全集》俄文第二版第 21 卷和第 3 卷做了一些校订,并采用了有关本书的注释,书后普列汉诺夫为本书俄译本缩写的序言和注释部分是由中共中央编译局根据《普列汉诺夫哲学著作选集》第 1 卷和《普列汉诺夫全集》第 18 卷俄文版译出的。

第九个译本是由曹真翻译、上海文源出版社于 1949 年 10 月出版的竖排平装本《费儿巴赫》,书后附上了马克思的《费儿巴赫论纲要》(即《关于费尔巴哈的提纲》),但是这个版本没有刊印恩格斯后来写的序言。

新中国成立前最后一个译本是著名文学家周建人摘译的版本,摘译的内容仅有第 2 章前半部分和第 4 章前半部分,篇名为《鲁德维息·费尔巴哈》,著者译为"恩格尔斯"。这个版本载于英·E.朋司编辑的《新哲学手册》(第 6—19 页)。

（二）新中国成立以后《费尔巴哈论》的翻译出版

新中国成立后，为了更全面系统地传播马克思主义，巩固马克思主义指导思想的地位，中共中央于1953年成立了中央编译局，开始组织对马克思恩格斯等马克思主义经典作家著作的翻译、出版等工作。除了张仲实的译本在新中国成立后仍然在不断再版之外，还有一些版本值得注意。其中之一是集体翻译、唯真校订的《费尔巴哈与德国古典哲学的终结》，这个版本载于《马克思恩格斯文选》第2卷（1965年），并且附加上了序言。其二就是目前我们看到的《马克思恩格斯全集》中文版第一版。《马克思恩格斯全集》是在《马克思恩格斯全集》俄文版第二版的基础上翻译过来的，时间持续了将近30年（最早于1956年出版的《马克思恩格斯全集》第3卷至1985年出版的多个卷次）。① 《费尔巴哈论》收录于1965年9月出版的《马克思恩格斯全集》第21卷，其中全面收录了《费尔巴哈和德国古典哲学的终结》的全文及其《序言》。这个版本是在张仲实的译本的基础上根据《马克思恩格斯全集》德文版第21卷校订的，校订时还参考了俄、英等译文和其他有关的中译文。

1972年4月，北京人民出版社出版了一个横排平装本，其中包括正文、序言以及马克思的《关于费尔巴哈的提纲》，后面还附上了33条注释以及几篇附录，其中包括：（1）《普列汉诺夫为恩格斯〈费尔巴哈与德国古典哲学的终结〉一书俄译本所写的序言和注释》，（2）《〈普列汉诺夫哲学著作选集〉俄文版编者为普列汉诺夫的序言和注释所加的注释》。最后是在1972年出版《马克思恩格斯选集》时，编选者把《费尔巴哈论》（包括序言在内）又收录其中。

新中国成立后除了上述中译本之外，民族出版社根据中共中央编译

---

① 相关资料参见中央编译局网站，http://www.cctb.net/wxzl/jd/maen/。

局的中译本翻译、出版了多个民族语言的版本，其中包括蒙文版（1975年3月）、藏文版（1980年4月）、维吾尔文版（1975年10月）、朝鲜文版（1974年10月）、哈萨克文版（1980年2月）等民族文字译本。内蒙古人民出版社于1957年4月出版蒙古人民共和国达什多尔吉译的蒙文译本。

尽管《费尔巴哈论》已经有多个版本，但新中国的编译和研究人员并没有停止对它进行完善。在这里有两个小例子可以证明国内马克思主义研究翻译人员在完善《费尔巴哈论》中译本上所做的努力。

第一个例子是关于"哲学的基本问题"及其相关内容之翻译的不断完善。众所周知，像《费尔巴哈论》这样的经典著作往往会有多个译本，通过对比能够发现，后来的译本整体上明显优于之前的译本。就拿"哲学的基本问题"的翻译来说，较早的林超真的译本是这样翻译的："一切哲学尤其是近代哲学之根本大问题，就是关于思想和真实的关系问题，换一句话说，也就是精神和物质的关系问题。……那些认为物质——自然界——本来存在的哲学家就属于唯物论的各派。"① 张仲实的译本对这一内容的翻译如下："一切哲学，特别是近代哲学的最重大的根本问题，便是思维对存在的关系问题。……凡承认自然界为基本东西的，则属于各种不同的唯物论。"② 目前我们最常见的译本是这样翻译的："全部哲学，特别是近代哲学的重大的基本问题，是思维和存在的关系问题。……凡是认为自然界是本原的，则属于唯物主义的各种派别。"③ 正如人们所指出的那样，其中变化最为突出的是"本原"的翻译——它"从最初的'精神先存在'，到后来的'精神'先于自然界

---

① 林超真编译：《宗教·哲学·社会主义》，上海：亚东图书馆1929年版，第299—301页。
② 《费尔巴哈和德国古典哲学的终结》，张仲实译，上海：解放社1949年版，第34—36页。
③ 《马克思恩格斯文集》第4卷，北京：人民出版社2009年版，第277—278页。

而存在,再到'精神对自然界来说是本原的',这里显然……是概念意思上的改变。"① 这种术语的遴选和修改证明,《费尔巴哈论》的翻译已经达到了相当高度水准。

第二个例子是一篇整体讨论《费尔巴哈论》译本改动的文章——《〈费尔巴哈论〉译文的修改情况》②。中央编译局的编译人员所撰写《〈费尔巴哈论〉译文的修改情况》针对的是《马克思恩格斯选集》第4卷译文存在的两个主要问题:其一是对之前不确切的译文进行修订,其二是对原译文中遗留的俄文的表达方式进行了修订。③ 应该说,编译人员对以前译文中的一些不准确甚至错误的地方进行了校正,有些校正仅仅是字面上的修改,有一些则是根本性的改变。比如第一种情况,有这样一句话,"Ebensowenig wie die Erkenntnis kann die Geschichite einen vollendenden Abschluss finden in einem vollkommen Idealzustand der Menschheit"。这句话最初被译为:"历史同认识一样,永远不会**把人类的某种完美的理想状态看作尽善尽美的**",但这句话的真正内涵是:"历史不会达到完美的理想状态而终结",据此,他们把原译文改为"历史同认识一样,永远不会**在人类的一种完美的理想状态中结束**"。④

对于第二种情况,俄文译文在翻译过程中可能就存在着问题。比如:"Die Menschen machen ihre Geschichte, wie diese auch immer ausfalle,

---

① 徐素华:《马克思恩格斯著作在中国的传播:MEGA² 视野下的文本、文献、语义学研究》,北京:中国社会科学出版社 2013 年版,第 119—120 页。在这部分,尽管我在查看到徐素华引用的几个译本之前已经注意到了这些区别,但本文在这里仍直接采用了徐素华的研究成果。

② 这篇文章作为附录收录于吴振海主编:《〈费尔巴哈论〉教程》,天津:天津人民出版社 1987 年版,第 214—252 页。此文最初发表于《马列著作编译资料》第 2 辑,北京:人民出版社 1979 年版。本书在这一部分基本上摘录的是这篇文章的内容。

③ 众所周知,《费尔巴哈论》的最初中译本是从俄文转译过来的。如果说我们像伽达默尔所说的那样认为文本具有不可译性,那么转译就会出现更多的问题。或许这就是人们强调要回到(原始)文本,并强调要以 MEGA² 来翻译《费尔巴哈论》的最根本原因。

④ 吴振海主编:《〈费尔巴哈论〉教程》,第 246 页;另参见《马克思恩格斯文集》第 4 卷,北京:人民出版社 2009 年版,第 270 页。

―――― 《路德维希·费尔巴哈和德国古典哲学的终结》的出版与传播（代序）

indem jeder seine eignen, bewusst gewollten Zwecke verfolgt, und die Resultante dieser vielen in verschiedenen Richtungen agierenden Willen und ihrer mannigfachen Einwirkung auf die Aussenwelt ist eben die Geschichte."这段话最初译为："人们通过每一个人追求他自己的、自觉预期的目的而创造自己的历史，却不管这种历史的结局如何，而这许多按不同方向活动的愿望及其对外部世界的各种各样影响所产生的**结果**，就是历史。"后来编译组人员将之改译为："无论历史的结局如何，人们总是通过每一个人追求他自己的、自觉预期的目的来创造他们的历史，而这许多按不同方向活动的愿望及其对外部世界的各种各样作用的**合力**，就是历史。"① 对于这句话，我们来看一看关键词"Einwirkung"，如果将之译为"影响"，从字面上看似乎也没有什么错误，但是如果将之译为"合力"，那么这会解决人们对唯物史观的攻击，并处理好个人意志与历史规律之间的辩证关系。应该说，这是一个较好的处理方式。但是，这篇文章中的一些改译也有一些不尽如人意之处。比如："Wie in Frankreich im achtzehenten, so leitete auch in Deutschland im neunzehnten Jahrhundert die philosophische Revolution den politischen Zusammenbruch ein."原文曾译为："正像在十八世纪的法国一样，在十九世纪的德国，哲学革命也作了政治变革的前导"，编译组成员将之改为："正像在十八世纪的法国一样，在十九世纪的德国，哲学革命也作了政治崩溃的前导。"② 但是我们如果再考察一下最新的中译本就会发现，译文仍然保留了"政治变革"的译法。实际上，如果我们根据恩格斯文章的现实语境不难看出，"变革"仍然是一个更加恰当的译法。

---

① 参见吴振海主编：《〈费尔巴哈论〉教程》，第251—252页；《马克思恩格斯文集》第4卷，北京：人民出版社2009年版，第302页。
② 吴振海主编：《〈费尔巴哈论〉教程》，第251页；《马克思恩格斯文集》第4卷，第267页。现在的译文是："正像在18世纪的法国一样，在19世纪的德国，哲学革命也作了政治变革的前导。"

(三)"Ausgang"的翻译问题：一个个案

《费尔巴哈论》的德文全称是：Ludwig Feuerbach und der Ausgang der klassischen deutschen Philosophie。尽管我们在上文已经提到了翻译人员对《费尔巴哈论》中很多核心思想和术语的翻译进行了反复斟酌，无疑，这对我们准确把握恩格斯的思想非常关键，但还有一个关键术语的翻译及其理解需要给予重点关注，那就是究竟如何翻译和理解恩格斯这篇论著之题目中的术语"Ausgang"。

根据《新德汉词典》，"Ausgang"的含义有8项之多，其中与《费尔巴哈论》相关的包括："结果、结局"，"末端、尽头……（一个时期的）末尾、结束"，"出口、出口处"以及"开端、起点、出发点"等含义。在《费尔巴哈论》中，最贴近的含义应该是"（一个时期的）末尾、结束"，这个时期可以理解为"德国古典哲学时期"。但是，如果认为恩格斯在使用"Ausgang"时仅指这个时期的结束，那么有一些问题是难以理解的，比如对黑格尔以及青年黑格尔派之思想的理解和评价问题。① 但从另外一个角度来看，这个术语毕竟还包含着另外一个含义——"开端、起点、出发点"。这是不是意味着，恩格斯是在指证费尔巴哈的唯物主义哲学为当时的哲学思想在思辨哲学领域内绕圈子指出了一条新的路向呢？这一点在《费尔巴哈论》的结尾处似乎能够得到

---

① 我们在恩格斯晚年的很多著作中都看到，对黑格尔以及马克思批判尤甚的布鲁诺·鲍威尔，恩格斯都给予了较高的（同时也是较为客观的）评价。对于黑格尔及其哲学的积极评价，我们在《费尔巴哈论》中就能够窥见一斑，比如他在直陈黑格尔及其哲学的巨大影响时指出："可以理解，黑格尔的体系在德国的富有哲学味道的气氛中曾发生了多么巨大的影响。这是一次胜利进军，它延续了几十年，而且决没有随着黑格尔的逝世而停止。"（《马克思恩格斯文集》第4卷，北京：人民出版社2009年版，第273页。）其中，我们还看到了恩格斯对青年黑格尔派的褒扬。除此之外，恩格斯还专门撰文赞扬鲍威尔在思想领域中的革命性作用。在1882年4月份撰写的《布鲁诺·鲍威尔和早期基督教》一文中，恩格斯对鲍威尔的历史价值和地位给予了较高的评价，他认为，尽管人们（即官方神学家）对鲍威尔的逝世持有一种冷漠的态度，但是后者"比所有这些人更有价值"。因为在解决早期基督教如何能够产生并取得历史统治地位，并使之从一个被压迫阶级的宗教转变为"罗马世界专制皇帝的最好手段"问题上，"布鲁诺·鲍威尔的贡献比任何人大得多"，尽管这些研究仍然存在这样或那样的问题。参见《马克思恩格斯全集》第19卷，北京：人民出版社1963年版，第327—329页。

佐证，因为恩格斯在那里指出，在"有教养的"阶级抛弃理论转向实践的过程中，德国人似乎失去了理论兴趣。但在他看来，"德国人的理论兴趣，只是在工人阶级中还没有衰退，继续存在着。在这里，它是根除不了的"。而且只有德国的工人阶级及其主导的社会运动才是真正的"德国古典哲学的继承者"。① 在某种意义上，德国古典哲学在终结的地方直接指向了另外一个出路，那就是马克思主义。

　　但是在翻译过程中，由于理解上的问题，各种版本的不同译法却导致了各种误解。比如在英文版中，较为流行的译本对"Ausgang"的就有两种译法，一种是译为"Outcome"（结果、成果），另外一种就是"End"（终结、目的）。但是，《马克思恩格斯全集》中文版在翻译这个术语时，基本上采取的是第二种译法，即将"Ausgang"译为"终结"。然而，这种翻译却最终导致了人们对马克思和恩格斯对待德国古典哲学甚至是对哲学的态度产生了误解。因为，根据后一种译法，德国哲学（尤其是思辨的观念论哲学）随着马克思主义的出现已然消亡，从此以后再没有哲学可言。

　　正是为了矫正上述翻译所带来的理解上的误解，所以一些专业的哲学家兼翻译家才主张重新理解这个术语，矫正以前的翻译。贺麟先生即为一例。根据他的回忆，中央编译局和中央党校专门就《费尔巴哈论》的翻译修改召开了一个研讨会，他在会上指出，"Ausgang""译为'出发'或'出路'比较合适"，他的理由除了"Ausgang"的本义外，还有两个文本上的证明，其一是"至于费尔巴哈，虽然他在好些方面是黑格尔哲学和我们的观点之间的中间环节"；其二是"在这种情况下，我感到越来越有必要把我们同黑格尔哲学的关系，我们怎样从这一哲学出发又怎样同它脱离，作一个简要而又系统的阐述"。② 贺麟先生指出，根据恩格斯的论述，费尔巴哈在黑格尔哲学和马克思主义哲学之间作为中间环节确实起到了重要作用。既然是中间环节，那么题中应有之义

---

① 《马克思恩格斯文集》第4卷，北京：人民出版社2009年版，第312—313页。
② 《马克思恩格斯文集》第4卷，北京：人民出版社2009年版，第265—266页。

是，它既非某个理论体系的开端，也不是一个理论的终结点，它仅仅是为某个走到穷途末路的哲学找到一个桥梁。① 不难看出，贺麟先生的理解与恩格斯的解释是一致的。

如果将贺麟先生的观点加以拓展和具体化，那么对于费尔巴哈来说，他在以黑格尔为核心的德国古典哲学中确实起到了桥梁作用，因为当思辨哲学在面对幽暗闭塞的社会现实面前而无所作为时，就必须寻找另外一个出路。找到这个出路的人，恩格斯看来，就是费尔巴哈，而这个出路，就是他的"唯物主义"。如若要把"Ausgang"翻译为"终结"，那么这种"终结"也仅仅是针对以黑格尔哲学为代表的思辨哲学的"终结"，而不是整个西方哲学思想，甚至不是其他哲学体系的终结。② 但对于西方哲学中的其他哲学流派来说，费尔巴哈甚至对其产生和发展没有产生任何影响。③

也许正是认识到了这一点。朱光潜先生才提出了与贺麟先生译法不同、内涵一致的译法，即"结果"或"成果"。朱先生也通过马克思恩格斯的文献指出，把"Ausgang"译为"终结"或"终点"的译法显然没有充分考察到原作者的意图，因为不管是在马克思的《资本论》中，还是在《费尔巴哈论》中，都不能让马克思和恩格斯的理论达到内在的一致性。朱光潜进而指出，英、法、俄等译本对"Ausgang"的翻译都不准确，中文更是以讹传讹。在"1962年柏林德国科学院新出版的多卷本《现代德语大词典》"中，在例证"Ausgang"的第44项的含义时，列举的就是恩格斯的《费尔巴哈论》，在这里它的含义是"一个时间段落"，同时通过对照1964年出版的马克思的《1844年经济学哲

---

① 中央编译局马克思恩格斯室编：《马克思恩格斯著作在中国的传播》，北京：人民出版社1983年版，第176—177页。

② 我们在下文将会指出，就算是费尔巴哈，也没有完全"终结"黑格尔派哲学或"唯心主义"，因为他在实践领域仍然在继续坚持"唯心主义"。这也是马克思恩格斯批判费尔巴哈"半截子唯物主义"的原因之一。

③ 比如，费尔巴哈同时代的叔本华和尼采的意志论哲学甚至之后的现象学等都仍然在西方哲学传统中占据着重要甚至是主流位置。

学手稿》的译本，得出了译为"结果"或"成果"更为合理的结论。①尽管这种译法也具有一定的模糊性——在中文当中，人们很少将"结果"或"成果"理解为阶段性的，而是一般将之理解为结论性的——但这毕竟肯定了德国古典哲学的价值和意义，因而也为开放性理解它留下了空间。

通过"Ausgang"的翻译不难看出，包括《费尔巴哈论》在内的马克思恩格斯著述的中文译本在翻译者和研究专家的努力下变得越来越准确可信。所以我们有理由相信，随着整体编译水平的提高，人们不再经过转译（主要是经过俄文版和日文版等），而是越来越直接面对最初乃至最原始的文本——《马克思恩格斯全集》中文第二版基本上是依据原文（即最权威的版本 MEGA²）翻译过来的——所以《马克思恩格斯全集》第二版的翻译应该是值得信赖的，当然前提是在翻译过程中必须充分借鉴前人的研究、翻译成果。当然，由于收录《费尔巴哈论》的 MEGA² 第 I 部门第 30 卷刚刚于 2011 年出版，《马克思恩格斯全集》第二版还没有翻译和出版这一文献，所以未来是值得期待的。②

（本文来自 2016 年中央编译出版社出版的田毅松所著《恩格斯〈路德维希·费尔巴哈和德国古典哲学的终结〉研究读本》有关内容。）

---

① 关于马克思，这里指的是他在《资本论》第 1 卷第二版的跋中对黑格尔及其哲学的尊重和强调——"我公开承认我是这位大思想家的学生，并且在关于价值理论的一章中，有些地方我甚至卖弄起黑格尔特有的表达方式。辩证法在黑格尔手中神秘化了，但这决没有妨碍他第一个全面地有意识地叙述了辩证法的一般运动形式。"（《马克思恩格斯文集》第 5 卷，北京：人民出版社 2009 年版，第 22 页）关于恩格斯，指的则是在《费尔巴哈论》结尾处的论断——"德国的工人运动是德国古典哲学的继承者。"（《马克思恩格斯文集》第 4 卷，北京：人民出版社 2009 年版，第 313 页。朱光潜：《美学拾穗集》，北京：百花文艺出版社 1980 年版，第 43—44 页。)

② 值得注意的是，尽管有些版本在 MEGA² 中已经有了最新版本，但这些最新成果在最新翻译的马克思恩格斯文献中并没有体现出来。比如《资本论》及其手稿在 MEGA² 中作为一个部门单独列出，并且已经完全出齐，然而有的学者指出，不管《马克思恩格斯全集》第二版的第 44—46 卷，还是《马克思恩格斯文集》第 5—7 卷，都没有吸收 MEGA² 的编辑成果。

Ludwig Feuerbach

und

der Ausgang der klassischen deutschen Philosophie

Von

Friedrich Engels

Mit Anhang:
Karl Marx über Feuerbach
vom Jahre 1845

→ Zweite Auflage ←

Stuttgart
Verlag von J. H. W. Dietz
1895

Ludwig Feuerbach

und

der Ausgang der klassischen deutschen Philosophie

Von

Friedrich Engels

Mit Anhang:
Karl Marx über Feuerbach
vom Jahre 1845

Zweite Auflage

Stuttgart
Verlag von J. H. W. Dietz
1895

Druck von J. H. W. Dietz in Stuttgart.

LUDWIG FEUERBACH UND DER AUSGANG DER KLASSISCHEN DEUTSCHEN PHILOSOPHIE

In der Vorrede von: „Zur Kritik der politischen Oekonomie", Berlin 1859, erzählt Karl Marx, wie wir Beide 1845 in Brüssel uns daran machten, „den Gegensatz unsrer Ansicht" — der namentlich durch Marx herausgearbeiteten materialistischen Geschichtsauffassung — „gegen die ideologische der deutschen Philosophie gemeinschaftlich auszuarbeiten, in der That mit unserm ehemaligen philosophischen Gewissen abzurechnen. Der Vorsatz wurde ausgeführt in der Form einer Kritik der nachhegel'schen Philosophie. Das Manuskript, zwei starke Oktavbände, war längst an seinem Verlagsort in Westfalen angelangt, als wir die Nachricht erhielten, daß veränderte Umstände den Druck nicht erlaubten. Wir überließen das Manuskript der nagenden Kritik der Mäuse um so williger, als wir unsern Hauptzweck erreicht hatten — Selbstverständigung."

Seitdem sind über vierzig Jahre verflossen und Marx ist gestorben, ohne daß sich Einem von uns Gelegenheit geboten hätte, auf den Gegenstand zurückzukommen. Ueber unser Verhältniß zu Hegel haben wir uns stellenweise geäußert, doch nirgends in umfassendem Zusammenhang. Auf Feuerbach, der doch in mancher Beziehung ein Mittelglied zwischen der Hegel'schen Philosophie und unsrer Auffassung bildet, sind wir nie wieder zurückgekommen.

Inzwischen hat die Marx'sche Weltanschauung Vertreter gefunden weit über Deutschlands und Europas Grenzen hinaus und in allen gebildeten Sprachen der Welt. Andrerseits erlebt die klassische deutsche Philosophie im Ausland eine Art Wiedergeburt, namentlich in England und Skandinavien, und selbst in Deutschland scheint man die eklektischen Bettelsuppen satt zu bekommen, die dort an den Universitäten ausgelöffelt werden unter dem Namen Philosophie.

Unter diesen Umständen erschien mir eine kurze, zusammenhängende Darlegung unsres Verhältnisses zur Hegel'schen Philosophie, unsres Ausgangs wie unsrer Trennung von ihr, mehr und mehr geboten. Und ebenso erschien mir eine volle Anerkennung des Einflusses, den vor allen andern nachhegel'schen Philosophen Feuerbach, während unsrer Sturm= und Drangperiode, auf uns hatte, als eine unabgetragene Ehrenschuld. Ich ergriff also gern die Gelegenheit, als die Redaktion der „Neuen Zeit" mich um eine kritische Besprechung des Starcke'schen Buchs über Feuerbach bat. Meine Arbeit wurde im 4. und 5. Heft 1886 jener Zeitschrift veröffentlicht und erscheint hier in revidirtem Sonderabdruck.

Ehe ich diese Zeilen in die Presse schicke, habe ich das alte Manuskript von 1845/46 nochmals herausgesucht und angesehn. Der Abschnitt über Feuerbach ist nicht vollendet. Der fertige Theil besteht in einer Darlegung der materialistischen Geschichtsauffassung, die nur beweist, wie unvollständig unsre damaligen Kenntnisse der ökonomischen Geschichte noch waren. Die Kritik der Feuerbach'schen Doktrin selbst fehlt darin; für den gegenwärtigen Zweck war es also unbrauchbar. Dagegen habe ich in einem alten Heft von Marx die im Anhang abgedruckten elf Thesen über Feuerbach gefunden. Es sind Notizen für spätere Ausarbeitung, rasch hingeschrieben, absolut nicht für den Druck bestimmt, aber unschätzbar als das erste Dokument, worin der geniale Keim der neuen Weltanschauung niedergelegt ist.

London, 21. Februar 1888.

Friedrich Engels.

LUDWIG FEUERBACH UND DER AUSGANG DER
KLASSISCHEN DEUTSCHEN PHILOSOPHIE

I.

Die vorliegende Schrift* führt uns zurück zu einer Periode, die, der Zeit nach, ein gutes Menschenalter hinter uns liegt, die aber der jetzigen Generation in Deutschland so fremd geworden ist, als wäre sie schon ein volles Jahrhundert alt. Und doch war sie die Periode der Vorbereitung Deutschlands für die Revolution von 1848; und alles was seitdem bei uns geschehn, ist nur eine Fortsetzung von 1848, nur Testamentsvollstreckung der Revolution.

Wie in Frankreich im achtzehnten, so leitete auch in Deutschland im neunzehnten Jahrhundert die philosophische Revolution den politischen Zusammenbruch ein. Aber wie verschieden sahn die beiden aus! Die Franzosen in offnem Kampf mit der ganzen offiziellen Wissenschaft, mit der Kirche, oft auch mit dem Staat; ihre Schriften jenseits der Grenze, in Holland oder England gedruckt, und sie selbst oft genug drauf und dran in die Bastille zu wandern. Dagegen die Deutschen — Professoren, vom Staat eingesetzte Lehrer der Jugend, ihre Schriften anerkannte Lehrbücher, und das abschließende System der ganzen Entwicklung, das Hegel'sche, sogar gewissermaßen zum Rang einer königlich preußischen Staatsphilosophie erhoben! Und hinter diesen Professoren, hinter ihren pedantisch-dunklen Worten, in ihren schwerfälligen, langweiligen Perioden sollte sich die Revolution verstecken? Waren denn nicht grade die Leute, die damals für die Vertreter der Revolution galten, die Liberalen, die heftigsten

---

* Ludwig Feuerbach, von C. N. Starcke, Dr. phil. — Stuttgart, Ferd. Encke, 1885.

Engels, Ludwig Feuerbach.

Gegner dieser, die Köpfe verwirrenden Philosophie? Was aber weder die Regierungen noch die Liberalen sahen, das sah bereits 1833 wenigstens Ein Mann, und der hieß allerdings Heinrich Heine.

Nehmen wir ein Beispiel. Kein philosophischer Satz hat so sehr den Dank beschränkter Regierungen und den Zorn ebenso beschränkter Liberalen auf sich geladen wie der berühmte Satz Hegel's: „Alles was wirklich ist, ist vernünftig, und alles was vernünftig ist, ist wirklich". Das war doch handgreiflich die Heiligsprechung alles Bestehenden, die philosophische Einsegnung des Despotismus, des Polizeistaats, der Kabinetsjustiz, der Censur. Und so nahm es Friedrich Wilhelm III., so seine Unterthanen. Bei Hegel aber ist keineswegs alles was besteht, ohne weiteres auch wirklich. Das Attribut der Wirklichkeit kommt bei ihm nur demjenigen zu, was zugleich nothwendig ist; „die Wirklichkeit erweist sich in ihrer Entfaltung als die Nothwendigkeit"; eine beliebige Regierungsmaßregel — Hegel führt selbst das Beispiel „einer gewissen Steuereinrichtung" an — gilt ihm daher auch keineswegs schon ohne weiteres als wirklich. Was aber nothwendig ist, erweist sich in letzter Instanz auch als vernünftig, und auf den damaligen preußischen Staat angewandt, heißt also der Hegel'sche Satz nur: dieser Staat ist vernünftig, der Vernunft entsprechend, soweit er nothwendig ist; und wenn er uns dennoch schlecht vorkommt, aber trotz seiner Schlechtigkeit fortexistirt, so findet die Schlechtigkeit der Regierung ihre Berechtigung und ihre Erklärung in der entsprechenden Schlechtigkeit der Unterthanen. Die damaligen Preußen hatten die Regierung, die sie verdienten.

Nun ist aber die Wirklichkeit nach Hegel keineswegs ein Attribut, das einer gegebnen gesellschaftlichen oder politischen Sachlage unter allen Umständen und zu allen Zeiten zukommt. Im Gegentheil. Die römische Republik war wirklich, aber das sie verdrängende römische Kaiserreich auch. Die französische Monarchie war 1789 so unwirklich geworden, d. h. so aller Nothwendigkeit beraubt, so unvernünftig, daß sie vernichtet werden mußte durch die große Revolution, von der Hegel stets mit der höchsten Begeisterung spricht. Hier war also die Monarchie das Unwirkliche, die Revolution das Wirkliche. Und so wird im Lauf der Entwicklung alles früher Wirkliche unwirklich, verliert seine Nothwendigkeit, sein Existenzrecht, seine Vernünftigkeit; an die Stelle des absterbenden Wirklichen tritt eine neue, lebensfähige Wirklichkeit — friedlich, wenn das Alte verständig genug ist, ohne Sträuben mit Tode abzugehn, gewaltsam, wenn es sich gegen diese Nothwendigkeit sperrt. Und so dreht sich der Hegel'sche Satz durch die Hegel'sche Dialektik selbst um in sein Gegentheil: alles was im Bereich der Menschengeschichte wirklich ist, wird mit der Zeit unvernünftig, ist also schon seiner Bestimmung nach unvernünftig, ist von vornherein mit Unvernünftigkeit behaftet; und alles was in den Köpfen der Menschen vernünftig ist, ist bestimmt wirklich zu werden, mag es auch noch so sehr der bestehenden scheinbaren Wirklichkeit widersprechen. Der Satz von der Vernünftigkeit alles Wirklichen löst sich nach allen Regeln der Hegel'schen Denkmethode auf in den andern: Alles was besteht, ist werth, daß es zu Grunde geht.

Darin aber grade lag die wahre Bedeutung und der revolutionäre Charakter der Hegel'schen Philosophie (auf die, als den Abschluß der ganzen Bewegung seit Kant, wir uns hier beschränken müssen), daß sie der Endgültigkeit aller Ergebnisse des menschlichen Denkens und Handelns ein für alle Mal den Garaus machte. Die Wahrheit, die es in der Philosophie zu erkennen galt, war bei Hegel nicht mehr eine Sammlung fertiger dogmatischer Sätze, die, einmal gefunden, nur auswendig gelernt sein wollen; die Wahrheit lag nun in dem Prozeß des Erkennens selbst, in der langen geschichtlichen Entwicklung der Wissenschaft, die von niedern zu immer höhern Stufen der Erkenntniß aufsteigt, ohne aber jemals durch Ausfindung einer sogenannten absoluten Wahrheit zu dem Punkt zu gelangen, wo sie nicht mehr weiter kann, wo ihr nichts mehr übrig bleibt, als die Hände in den Schooß zu legen und die gewonnene absolute Wahrheit anzustaunen. Und wie auf dem Gebiet der philosophischen, so auf dem jeder andern Erkenntniß und auf dem des praktischen Handelns. Ebenso wenig wie die Erkenntniß, kann die Geschichte einen vollendenden Abschluß finden in einem vollkommnen Idealzustand der Menschheit; eine vollkommne Gesellschaft, ein vollkommner „Staat" sind Dinge, die nur in der Phantasie bestehn können; im Gegentheil sind alle nacheinander folgenden geschichtlichen Zustände nur vergängliche Stufen im endlosen Entwicklungsgang der menschlichen Gesellschaft vom Niedern zum Höhern. Jede Stufe ist nothwendig, also berechtigt für die Zeit und die Bedingungen, denen sie ihren Ursprung verdankt; aber sie wird hinfällig und unberechtigt gegenüber neuen, höhern Bedingungen, die sich allmählig in ihrem eignen Schooß entwickeln; sie muß einer höhern Stufe Platz machen, die ihrerseits wieder an die Reihe des Verfalls und des Untergangs kommt. Wie die Bourgeoisie durch die große Industrie, die Konkurrenz und den Weltmarkt alle stabilen, altehrwürdigen Institutionen praktisch auflöst, so löst diese dialektische Philosophie alle Vorstellungen von endgültiger absoluter Wahrheit und ihr entsprechenden absoluten Menschheitszuständen auf. Vor ihr besteht nichts Endgültiges, Absolutes, Heiliges; sie weist von Allem und an Allem die Vergänglichkeit auf, und nichts besteht vor ihr als der ununterbrochene Prozeß des Werdens und Vergehens, des Aufsteigens ohne Ende vom Niedern zum Höhern, dessen bloße Wiederspiegelung im denkenden Hirn sie selbst ist. Sie hat allerdings auch eine konservative Seite: sie erkennt die Berechtigung bestimmter Erkenntniß- und Gesellschaftsstufen für deren

Zeit und Umstände an; aber auch nur so weit. Der Konservatismus dieser Anschauungsweise ist relativ, ihr revolutionärer Charakter ist absolut — das einzig Absolute, das sie gelten läßt.

Wir brauchen hier nicht auf die Frage einzugehen, ob diese Anschauungsweise durchaus mit dem jetzigen Stand der Naturwissenschaft stimmt, die der Existenz der Erde selbst ein mögliches, ihrer Bewohnbarkeit aber ein ziemlich sichres Ende vorhersagt, die also auch der Menschengeschichte nicht nur einen aufsteigenden, sondern auch einen absteigenden Ast zuerkennt. Wir befinden uns jedenfalls noch ziemlich weit von dem Wendepunkt, von wo an es mit der Geschichte der Gesellschaft abwärts geht, und können der Hegel'schen Philosophie nicht zumuthen, sich mit einem Gegenstand zu befassen, den zu ihrer Zeit die Naturwissenschaft noch gar nicht auf die Tagesordnung gesetzt hatte.

Was aber in der That hier zu sagen, ist dies: die obige Entwicklung findet sich in dieser Schärfe nicht bei Hegel. Sie ist eine nothwendige Konsequenz seiner Methode, die er selbst aber in dieser Ausdrücklichkeit nie gezogen hat. Und zwar aus dem einfachen Grund, weil er genöthigt war, ein System zu machen, und ein System der Philosophie muß nach den hergebrachten Anforderungen mit irgend einer Art von absoluter Wahrheit abschließen. So sehr also auch Hegel, namentlich in der Logik, betont, daß diese ewige Wahrheit nichts anderes ist, als der logische resp. der geschichtliche Prozeß selbst, so sieht er sich doch selbst gezwungen, diesem Prozeß ein Ende zu geben, weil er eben mit seinem System irgendwo zu Ende kommen muß. In der Logik kann er dies Ende wieder zum Anfang machen, indem hier der Schlußpunkt, die absolute Idee — die nur insofern absolut ist, als er absolut nichts von ihr zu sagen weiß — sich in die Natur „entäußert", d. h. verwandelt, und später im Geist, d. h. im Denken und in der Geschichte, wieder zu sich selbst kommt. Aber am Schluß der ganzen Philosophie ist ein ähnlicher Rückschlag in den Anfang nur auf Einem Weg möglich. Nämlich indem man das Ende der Geschichte darin setzt, daß die Menschheit zur Erkenntniß eben dieser absoluten Idee kommt, und erklärt, daß diese Erkenntniß der absoluten Idee in der Hegel'schen Philosophie erreicht ist. Damit wird aber der ganze dogmatische Inhalt des Hegel'schen Systems für die absolute Wahrheit erklärt, im Widerspruch mit seiner dialektischen, alles Dogmatische auflösenden Methode; damit wird die revolutionäre Seite erstickt unter der überwuchernden konservativen. Und was von der philosophischen Erkenntniß, gilt auch von der geschichtlichen Praxis. Die Menschheit, die es, in der Person Hegels, bis zur Herausarbeitung der absoluten Idee gebracht hat, muß auch praktisch soweit gekommen sein, daß sie diese absolute Idee in der Wirklichkeit durchführen kann. Die praktischen politischen Forderungen der absoluten Idee an die Zeitgenossen dürfen also nicht zu hoch gespannt sein. Und so finden wir am Schluß der Rechtsphilosophie, daß die absolute Idee sich verwirklichen soll in derjenigen ständischen Monarchie, die Friedrich Wilhelm III. seinen Unterthanen so hartnäckig vergebens versprach, also in einer den deutschen kleinbürgerlichen Verhältnissen von damals angemessenen, beschränkten und gemäßigten, indirekten Herrschaft der besitzenden Klassen; wobei uns noch die Nothwendigkeit des Adels auf spekulativem Wege demonstrirt wird.

Die innern Nothwendigkeiten des Systems reichen also allein hin, die Erzeugung einer sehr zahmen politischen Schlußfolgerung, vermittelst einer durch und durch revolutionären Denkmethode, zu erklären. Die spezifische Form dieser Schlußfolgerung rührt allerdings davon her, daß Hegel ein Deutscher war, und ihm wie seinen Zeitgenossen Göthe ein Stück Philisterzopfs hinten hing. Göthe wie Hegel waren Jeder auf seinem Gebiet ein olympischer Zeus, aber den deutschen Philister wurden beide nie ganz los.

Alles dies hinderte jedoch das Hegel'sche System nicht, ein unvergleichlich größeres Gebiet zu umfassen, als irgend ein früheres System, und auf diesem Gebiet einen Reichthum des Gedankens zu entwickeln, der noch heute in Erstaunen setzt. Phänomenologie des Geistes (die man eine Parallele der Embryologie und der Paläontologie des Geistes nennen könnte, eine Entwicklung des individuellen Bewußtseins durch seine verschiedenen Stufen, gefaßt als abgekürzte Reproduktion der Stufen, die das Bewußtsein der Menschen geschichtlich durchgemacht), Logik, Naturphilosophie, Philosophie des Geistes, und diese letztere wieder in ihren einzelnen geschichtlichen Unterformen ausgearbeitet: Philosophie der Geschichte, des Rechts, der Religion, Geschichte der Philosophie, Aesthetik u. s. w. — auf allen diesen verschiednen geschichtlichen Gebieten arbeitet Hegel daran, den durchgehenden Faden der Entwicklung aufzufinden und nachzuweisen; und da er nicht nur ein schöpferisches Genie war, sondern auch ein Mann von encyklopädischer Gelehrsamkeit, so tritt er überall epochemachend auf. Es versteht sich von selbst, daß kraft der Nothwendigkeiten des „Systems" er hier oft genug zu jenen gewaltsamen Konstruktionen seine Zuflucht nehmen muß, von denen seine zwerghaften Anfeinder bis heute ein so entsetzliches Geschrei machen. Aber diese Konstruktionen sind nur der Rahmen und das Baugerüst seines Werks; hält man sich hierbei nicht unnöthig auf, bringt man tiefer ein in den gewaltigen Bau, so findet man ungezählte Schätze, die auch heute noch ihren vollen Werth behaupten. Bei allen Philosophen ist grade das „System" das Vergängliche, und zwar grade deshalb, weil es aus einem unvergänglichen Bedürfniß des Menschengeistes hervorgeht: dem Bedürfniß der Ueberwindung aller Widersprüche. Sind aber alle Widersprüche ein für alle Mal beseitigt, so sind wir bei der sogenannten absoluten Wahrheit angelangt, die Weltgeschichte ist zu Ende, und doch soll sie fortgehn, obwohl ihr nichts mehr zu thun übrig bleibt — also ein neuer, unlösbarer Widerspruch. Sobald wir einmal eingesehn haben — und zu dieser Einsicht hat uns schließlich Niemand mehr verholfen als Hegel selbst, — daß die so gestellte Aufgabe der Philosophie weiter nichts heißt, als die Aufgabe, daß ein einzelner Philosoph das leisten soll, was nur die gesammte Menschheit in ihrer fortschreitenden Entwicklung leisten kann — sobald wir das einsehn, ist es auch am Ende mit der ganzen Philosophie im bisherigen Sinn des Worts. Man läßt die auf diesem Weg und für jeden Einzelnen unerreichbare „absolute Wahrheit" laufen und jagt dafür den erreichbaren relativen Wahrheiten nach auf dem Weg der positiven Wissenschaften und der Zusammenfassung ihrer Resultate vermittelst des dialektischen Denkens. Mit Hegel schließt die Philosophie überhaupt ab; einerseits weil er ihre ganze Entwicklung in seinem System in der großartigsten Weise zusammenfaßt, andrerseits weil er uns, wenn auch unbewußt, den Weg zeigt aus diesem Labyrinth der Systeme zur wirklichen positiven Erkenntniß der Welt.

Man begreift, welch ungeheure Wirkung dies Hegel'sche System in der philosophisch gefärbten Atmosphäre Deutschlands hervorbringen mußte. Es war ein Triumphzug, der Jahrzehnte dauerte und mit dem Tod Hegels keineswegs zur Ruhe kam. Im Gegentheil, grade von 1830 bis 1840 herrschte die „Hegelei" am ausschließlichsten und hatte selbst ihre Gegner mehr oder weniger angesteckt; grade in dieser Zeit drangen Hegel'sche Anschauungen am reichlichsten, bewußt oder unbewußt, in die verschiedensten Wissenschaften ein und durchsäuerten auch die populäre Literatur und die Tagespresse, aus denen das gewöhnliche „gebildete Bewußtsein" seinen Gedankenstoff bezieht. Aber dieser Sieg auf der ganzen Linie war nur das Vorspiel eines innern Kampfs.

Die Gesammtlehre Hegels ließ, wie wir gesehn, reichlichen Raum für die Unterbringung der verschiedensten praktischen Parteianschauungen; und praktisch waren im damaligen theoretischen Deutschland vor allem zwei Dinge: die Religion und die Politik. Wer das Hauptgewicht auf das System Hegels legte, konnte auf beiden Gebieten ziemlich konservativ sein; wer in der dialektischen Methode die Hauptsache sah, konnte religiös wie politisch zur äußersten Opposition gehören. Hegel selbst schien, trotz der ziemlich häufigen revolutionären Zornesausbrüche in seinen Werken, im Ganzen mehr zur konservativen Seite zu neigen; hatte ihm doch sein System weit mehr „saure Arbeit des Gedankens" gekostet als seine Methode. Gegen Ende der dreißiger Jahre trat die Spaltung in der Schule mehr und mehr hervor. Der linke Flügel, die sogenannten Junghegelianer, gaben im Kampf mit pietistischen Orthodoxen und feudalen Reaktionären ein Stück nach dem andern auf von jener philosophisch-vornehmen Zurückhaltung gegenüber den brennenden Tagesfragen, die ihrer Lehre bisher staatliche Duldung und sogar Protektion gesichert hatte; und als gar 1840 die orthodoxe Frömmelei und die feudal-absolutistische Reaktion mit Friedrich Wilhelm IV. den Thron bestiegen, wurde offne Parteinahme unvermeidlich. Der Kampf wurde noch mit philosophischen Waffen geführt, aber nicht mehr um abstrakt-philosophische Ziele; es handelte sich direkt um Vernichtung der überlieferten Religion und des bestehenden Staats. Und wenn in den „Deutschen Jahrbüchern" die praktischen Endzwecke noch vorwiegend in philosophischer Verkleidung auftraten, so enthüllte sich die junghegelsche Schule in der „Rheinischen Zeitung" von 1842 direkt als die Philosophie der aufstrebenden radikalen Bourgeoisie und brauchte das philosophische Deckmäntelchen nur noch zur Täuschung der Censur.

Die Politik war aber damals ein sehr borniges Gebiet, und so wandte sich der Hauptkampf gegen die Religion; dies war ja, namentlich seit 1840, indirekt auch ein politischer Kampf. Den ersten Anstoß hatte Strauß' „Leben Jesu" 1835 gegeben.

Der hierin entwickelten Theorie der evangelischen Mythenbildung trat später Bruno Bauer mit dem Nachweis gegenüber, daß eine ganze Reihe evangelischer Erzählungen von den Verfassern selbst fabrizirt worden. Der Streit zwischen Beiden wurde geführt in der philosophischen Verkleidung eines Kampfes des „Selbstbewußtseins" gegen die „Substanz"; die Frage, ob die evangelischen Wundergeschichten durch bewußtlos-traditionelle Mythenbildung im Schooß der Gemeinde entstanden oder ob sie von den Evangelisten selbst fabrizirt seien, wurde aufgebauscht zu der Frage, ob in der Weltgeschichte die „Substanz" oder das „Selbstbewußtsein" die entscheidend wirkende Macht sei; und schließlich kam Stirner, der Prophet des heutigen Anarchismus — Bakunin hat sehr viel aus ihm genommen — und übergipfelte das souveräne „Selbstbewußtsein" durch seinen souveränen „Einzigen".

Wir gehn auf diese Seite des Zersetzungsprozesses der Hegel'schen Schule nicht weiter ein. Wichtiger für uns ist dies: die Masse der entschiedensten Junghegelianer wurden durch die praktischen Nothwendigkeiten ihres Kampfs gegen die positive Religion auf den englisch-französischen Materialismus zurückgedrängt. Und hier kamen sie in Konflikt mit ihrem Schulsystem. Während der Materialismus die Natur als das einzig Wirkliche auffaßt, stellt diese im Hegel'schen System nur die „Entäußerung" der absoluten Idee vor, gleichsam eine Degradation der Idee; unter allen Umständen ist hier das Denken und sein Gedankenprodukt, die Idee, das Ursprüngliche, die Natur das Abgeleitete, das nur durch die Herablassung der Idee überhaupt existirt. Und in diesem Widerspruch trieb man sich herum, so gut und so schlecht es gehn wollte.

Da kam Feuerbachs „Wesen des Christenthums". Mit Einem Schlag zerstäubte es den Widerspruch, indem es den Materialismus ohne Umschweife wieder auf den Thron erhob. Die Natur existirt unabhängig von aller Philosophie; sie ist die

Grundlage, auf der wir Menschen, selbst Naturprodukte, erwachsen sind; außer der Natur und den Menschen existirt nichts, und die höhern Wesen, die unsere religiöse Phantasie erschuf, sind nur die phantastische Rückspiegelung unsers eignen Wesens. Der Bann war gebrochen; das „System" war gesprengt und bei Seite geworfen, der Widerspruch war, als nur in der Einbildung vorhanden, aufgelöst. — Man muß die befreiende Wirkung dieses Buchs selbst erlebt haben, um sich eine Vorstellung davon zu machen. Die Begeisterung war allgemein: wir waren alle momentan Feuerbachianer. Wie enthusiastisch Marx die neue Auffassung begrüßte und wie sehr er — trotz aller kritischen Vorbehalte — von ihr beeinflußt wurde, kann man in der „Heiligen Familie" lesen.

Selbst die Fehler des Buchs trugen zu seiner augenblicklichen Wirkung bei. Der belletristische, stellenweise sogar schwülstige Styl sicherte ein größeres Publikum und war immerhin eine Erquickung nach den langen Jahren abstrakter und abstruser Hegelei. Dasselbe gilt von der überschwänglichen Vergötterung der Liebe, die gegenüber der unerträglich gewordnen Souveränität des „reinen Denkens" eine Entschuldigung, wenn auch keine Berechtigung fand. Was wir aber nicht vergessen dürfen: grade an diese beiden Schwächen Feuerbachs knüpfte der seit 1844 sich im „gebildeten" Deutschland wie eine Seuche verbreitende „wahre Sozialismus" an, der an die Stelle der wissenschaftlichen Erkenntniß die belletristische Phrase, an die Stelle der Emanzipation des Proletariats durch die ökonomische Umgestaltung der Produktion, die Befreiung der Menschheit vermittelst der „Liebe" setzte, kurz sich in die widerwärtige Belletristik und Liebesschwülgkeit verlief, deren Typus Herr Karl Grün war.

Was fernerhin nicht zu vergessen: Die Hegel'sche Schule war aufgelöst, aber die Hegel'sche Philosophie war nicht kritisch überwunden. Strauß und Bauer nahmen jeder eine ihrer Seiten heraus und kehrten sie polemisch gegen die andre. Feuerbach durchbrach das System und warf es einfach bei Seite. Aber man wird nicht mit einer Philosophie fertig dadurch, daß man sie einfach für falsch erklärt. Und ein so gewaltiges Werk wie die Hegel'sche Philosophie, die einen so ungeheuren Einfluß auf die geistige Entwicklung der Nation gehabt, ließ sich nicht dadurch beseitigen, daß man sie kurzer Hand ignorirte. Sie mußte in ihrem eigenen Sinn „aufgehoben" werden, d. h. in dem Sinn, daß ihre Form kritisch vernichtet, der durch sie gewonnene neue Inhalt aber gerettet wurde. Wie dies geschah, davon weiter unten.

Einstweilen schob die Revolution von 1848 jedoch die gesammte Philosophie ebenso ungenirt bei Seite wie Feuerbach seinen Hegel. Und damit wurde auch Feuerbach selbst in den Hintergrund gedrängt.

II.

Die große Grundfrage aller, speziell neueren Philosophie ist die nach dem Verhältniß von Denken und Sein. Seit der sehr frühen Zeit, wo die Menschen, noch in gänzlicher Unwissenheit über ihren eigenen Körperbau und angeregt durch Traumerscheinungen,* auf die Vorstellung kamen, ihr Denken und Empfinden sei nicht eine Thätigkeit ihres Körpers, sondern einer besonderen, in diesem Körper wohnenden und ihn beim Tode verlassenden Seele — seit dieser Zeit mußten sie über das Verhältniß dieser Seele zur äußern Welt sich Gedanken machen. Wenn sie im Tod sich vom Körper trennte, fortlebte, so lag kein Anlaß vor, ihr noch einen besondren Tod anzudichten; so entstand die Vorstellung von ihrer Unsterblichkeit, die auf jener Entwicklungsstufe keineswegs als ein Trost erscheint, sondern als ein Schicksal, wogegen man nicht ankann, und oft genug, wie bei den Griechen, als ein positives Unglück. Nicht das religiöse Trostbedürfniß, sondern die aus gleich allgemeiner Beschränktheit hervorwachsende Verlegenheit, was mit der einmal angenommenen Seele, nach dem Tod des Körpers, anzufangen, führte allgemein zu der langweiligen Einbildung von der persönlichen Unsterblichkeit. Auf ganz ähnlichem Weg entstanden, durch Personifikation

---

* Noch heute ist bei Wilden und niedern Barbaren die Vorstellung allgemein, daß die im Traum erscheinenden menschlichen Gestalten Seelen seien, die zeitweilig den Körper verlassen; der wirkliche Mensch wird daher auch für die Handlungen verantwortlich gehalten, die seine Traumerscheinung gegenüber dem Träumenden begangen. So fand es z. B. Jmthurn 1884 bei den Indianern in Guyana.

der Naturmächte, die ersten Götter, die in der weitern Ausbildung der Religionen eine mehr und mehr außerweltliche Gestalt annahmen, bis endlich durch einen im Verlauf der geistigen Entwicklung sich naturgemäß einstellenden Abstraktions=, ich möchte fast sagen Destillationsprozeß aus den vielen, mehr oder minder beschränkten und sich gegenseitig beschränkenden Göttern die Vorstellung von dem einen ausschließlichen Gott der monotheistischen Religionen in den Köpfen der Menschen entstand.

Die Frage nach dem Verhältniß des Denkens zum Sein, des Geistes zur Natur, die höchste Frage der gesammten Philosophie hat also, nicht minder als alle Religion, ihre Wurzel in den bornirten und unwissenden Vorstellungen des Wildheitszustands. Aber in ihrer vollen Schärfe konnte sie erst gestellt werden, ihre ganze Bedeutung konnte sie erst erlangen, als die europäische Menschheit aus dem langen Winterschlaf des christlichen Mittelalters erwachte. Die Frage nach der Stellung des Denkens zum Sein, die übrigens auch in der Scholastik des Mittelalters ihre große Rolle gespielt, die Frage: was ist das Ursprüngliche, der Geist oder die Natur? — diese Frage spitzte sich, der Kirche gegenüber, dahin zu: hat Gott die Welt erschaffen, oder ist die Welt von Ewigkeit da?

Je nachdem diese Frage so oder so beantwortet wurde, spalteten sich die Philosophen in zwei große Lager. Diejenigen, die die Ursprünglichkeit des Geistes gegenüber der Natur behaupteten, also in letzter Instanz eine Weltschöpfung irgend einer Art annahmen — und diese Schöpfung ist oft bei den Philosophen, z. B. bei Hegel, noch weit verzwickter und unmöglicher als im Christenthum — bildeten das Lager des Idealismus. Die Andern, die die Natur als das Ursprüngliche ansahen, gehören zu den verschiednen Schulen des Materialismus.

Etwas Andres als dies bedeuten die beiden Ausdrücke: Idealismus und Materialismus, ursprünglich nicht, und in einem andern Sinne werden sie hier auch nicht gebraucht. Welche Verwirrung entsteht, wenn man etwas Andres in sie hineinträgt, werden wir unten sehn.

Die Frage nach dem Verhältniß von Denken und Sein hat aber noch eine andre Seite: wie verhalten sich unsre Gedanken über die uns umgebende Welt zu dieser Welt selbst? Ist unser Denken im Stande, die wirkliche Welt zu erkennen, vermögen wir in unsern Vorstellungen und Begriffen von der wirklichen Welt ein richtiges Spiegelbild der Wirklichkeit zu erzeugen? Diese Frage heißt in der philosophischen Sprache die Frage nach der Identität von Denken und Sein, und wird von der weitaus größten Zahl der Philosophen bejaht. Bei Hegel z. B. versteht sich ihre Bejahung von selbst; denn das, was wir in der wirklichen Welt erkennen, ist eben ihr gedankenmäßiger Inhalt, dasjenige, was die Welt zu einer stufenweisen Verwirklichung der absoluten Idee macht, welche absolute Idee von Ewigkeit her, unabhängig von der Welt und vor der Welt, irgendwo existirt hat; daß aber das Denken einen Inhalt erkennen kann, der schon von vorn herein Gedankeninhalt ist, leuchtet ohne Weiteres ein. Ebenso sehr leuchtet ein, daß hier das zu Beweisende im Stillen schon in der Voraussetzung enthalten ist. Das hindert aber Hegel keineswegs, aus seinem Beweis der Identität von Denken und Sein den weitern Schluß zu ziehen, daß seine Philosophie, weil für sein Denken richtig, nun auch die einzig richtige ist und daß die Identität von Denken und Sein sich darin zu bewähren hat, daß die Menschheit sofort seine Philosophie aus der Theorie in die Praxis übersetzt und die ganze Welt nach Hegel'schen Grundsätzen umgestaltet. Es ist dies eine Illusion, die er so ziemlich mit allen Philosophen theilt.

Daneben giebt es aber noch eine Reihe andrer Philosophen, die die Möglichkeit einer Erkenntniß der Welt, oder doch einer erschöpfenden Erkenntniß bestreiten. Zu ihnen gehören unter den

Neueren Hume und Kant, und sie haben eine sehr bedeutende Rolle in der philosophischen Entwicklung gespielt. Das Entscheidende zur Widerlegung dieser Ansicht ist bereits von Hegel gesagt, soweit dies vom idealistischen Standpunkt möglich war; was Feuerbach Materialistisches hinzugefügt, ist mehr geistreich als tief. Die schlagendste Widerlegung dieser, wie aller andern philosophischen Schrullen ist die Praxis, nämlich das Experiment und die Industrie. Wenn wir die Richtigkeit unsrer Auffassung eines Naturvorgangs beweisen können, indem wir ihn selbst machen, ihn aus seinen Bedingungen erzeugen, ihn obendrein unsern Zwecken dienstbar werden lassen, so ist es mit dem Kant'schen unfaßbaren „Ding an sich" zu Ende. Die im pflanzlichen und thierischen Körper erzeugten chemischen Stoffe blieben solche „Dinge an sich" bis die organische Chemie sie einen nach dem andern darzustellen anfing; damit wurde das „Ding an sich" ein Ding für uns, wie z. B. der Farbstoff des Krapps, das Alizarin, das wir nicht mehr auf dem Felde in den Krappwurzeln wachsen lassen, sondern aus Kohlentheer weit wohlfeiler und einfacher herstellen. Das kopernikanische Sonnensystem war dreihundert Jahre lang eine Hypothese, auf die hundert, tausend, zehntausend gegen eins zu wetten war, aber doch immer eine Hypothese; als aber Leverrier aus den durch dies System gegebenen Daten nicht nur die Nothwendigkeit der Existenz eines unbekannten Planeten, sondern auch den Ort berechnete, wo dieser Planet am Himmel stehn müsse, und als Galle dann diesen Planeten wirklich fand, da war das kopernikanische System bewiesen. Wenn dennoch die Neubelebung der Kant'schen Auffassung in Deutschland durch die Neukantianer und der Hume'schen in England (wo sie nie ausgestorben) durch die Agnostiker versucht wird, so ist das, der längst erfolgten theoretischen und praktischen Widerlegung gegenüber, wissenschaftlich ein Rückschritt und praktisch nur eine verschämte Weise, den Materialismus hinterrücks zu acceptiren und vor der Welt zu verleugnen.

Die Philosophen wurden aber in dieser langen Periode von Descartes bis Hegel und von Hobbes bis Feuerbach keineswegs, wie sie glaubten, allein durch die Kraft des reinen Gedankens vorangetrieben. Im Gegentheil. Was sie in Wahrheit vorantrieb, das war namentlich der gewaltige und immer schneller voranstürmende Fortschritt der Naturwissenschaft und der Industrie. Bei den Materialisten zeigte sich dies schon auf der Oberfläche, aber auch die idealistischen Systeme erfüllten sich mehr und mehr mit materialistischem Inhalt und suchten den Gegensatz von Geist und Materie pantheistisch zu versöhnen; so daß schließlich das Hegel'sche System nur einen, nach Methode und Inhalt idealistisch auf den Kopf gestellten Materialismus repräsentirt.

Es ist hiermit begreiflich, daß Starcke in seiner Charakteristik Feuerbachs zunächst dessen Stellung zu dieser Grundfrage über das Verhältniß von Denken und Sein untersucht. Nach einer kurzen Einleitung, worin die Auffassung der frühern Philosophen, namentlich seit Kant, in unnöthig philosophisch-schwerfälliger Sprache geschildert wird und wobei Hegel durch allzu formalistisches Festhalten an einzelnen Stellen seiner Werke sehr zu kurz kommt, folgt eine ausführliche Darstellung des Entwicklungsgangs der Feuerbach'schen „Metaphysik" selbst, wie er sich aus der Reihenfolge der betreffenden Schriften dieses Philosophen ergiebt. Diese Darstellung ist fleißig und übersichtlich gearbeitet, nur wie das ganze Buch mit einem keineswegs überall unvermeidlichen Ballast philosophischer Ausdrucksweise beschwert, der um so störender wirkt, je weniger sich der Verfasser an die Ausdrucksweise einer und derselben Schule, oder auch Feuerbachs selbst hält, und je mehr er Ausdrücke der verschiedensten, namentlich der jetzt grassirenden, sich philosophisch nennenden Richtungen hineinmengt.

Der Entwicklungsgang Feuerbachs ist der eines — freilich nie ganz orthodoxen — Hegelianers zum Materialismus hin, eine

Entwicklung, die auf einer bestimmten Stufe einen totalen Bruch mit dem idealistischen System seines Vorgängers bedingt. Mit unwiderstehlicher Gewalt drängt sich ihm schließlich die Einsicht auf, daß die Hegel'sche vorweltliche Existenz der „absoluten Idee", die „Präexistenz der logischen Kategorien", ehe denn die Welt war, weiter nichts ist als ein phantastischer Ueberrest des Glaubens an einen außerweltlichen Schöpfer; daß die stoffliche, sinnlich wahrnehmbare Welt, zu der wir selbst gehören, das einzig Wirkliche, und daß unser Bewußtsein und Denken, so übersinnlich es scheint, das Erzeugniß eines stofflichen, körperlichen Organs, des Gehirns ist. Die Materie ist nicht ein Erzeugniß des Geistes, sondern der Geist ist selbst nur das höchste Produkt der Materie. Dies ist natürlich reiner Materialismus. Hier angekommen, stutzt Feuerbach. Er kann das gewohnheitsmäßige, philosophische Vorurtheil nicht überwinden, das Vorurtheil nicht gegen die Sache, sondern gegen den Namen des Materialismus. Er sagt: „Der Materialismus ist für mich die Grundlage des Gebäudes des menschlichen Wesens und Wissens; aber er ist für mich nicht, was er für den Physiologen, den Naturforscher im engern Sinn, z. B. Moleschott ist, und zwar nothwendig von ihrem Standpunkt und Beruf aus ist, das Gebäude selbst. Rückwärts stimme ich den Materialisten vollkommen bei, aber nicht vorwärts."

Feuerbach wirft hier den Materialismus, der eine auf einer bestimmten Auffassung des Verhältnisses von Materie und Geist beruhende allgemeine Weltanschauung ist, zusammen mit der besondern Form, worin diese Weltanschauung auf einer bestimmten geschichtlichen Stufe, nämlich im 18. Jahrhundert, zum Ausdruck kam. Noch mehr, er wirft ihn zusammen mit der verflachten, vulgarisirten Gestalt, worin der Materialismus des 18. Jahrhunderts heute in den Köpfen von Naturforschern und Aerzten fortexistirt und in den fünfziger Jahren von Büchner, Vogt und

Moleschott gerejepredigt wurde. Aber wie der Idealismus eine Reihe von Entwicklungsstufen durchlief, so auch der Materialismus. Mit jeder epochemachenden Entdeckung schon auf naturwissenschaftlichem Gebiet muß er seine Form ändern; und seitdem auch die Geschichte der materialistischen Behandlung unterworfen, eröffnet sich auch hier eine neue Bahn der Entwicklung.

Der Materialismus des vorigen Jahrhunderts war vorwiegend mechanisch, weil von allen Naturwissenschaften damals nur die Mechanik, und zwar auch nur die der — himmlischen und irdischen — festen Körper, kurz die Mechanik der Schwere, zu einem gewissen Abschluß gekommen war. Die Chemie existirte nur erst in ihrer kindlichen, phlogistischen Gestalt. Die Biologie lag noch in den Windeln; der pflanzliche und thierische Organismus war nur im Groben untersucht und wurde aus rein mechanischen Ursachen erklärt; wie dem Descartes das Thier, war den Materialisten des 18. Jahrhunderts der Mensch eine Maschine. Diese ausschließliche Anwendung des Maßstabs der Mechanik auf Vorgänge, die chemischer und organischer Natur sind, und bei denen die mechanischen Gesetze zwar auch gelten, aber von andern, höhern Gesetzen in den Hintergrund gedrängt werden, bildet die eine spezifische, aber ihrer Zeit unvermeidliche Beschränktheit des klassischen französischen Materialismus.

Die zweite spezifische Beschränktheit dieses Materialismus bestand in seiner Unfähigkeit, die Welt als einen Prozeß, als einen in einer geschichtlichen Fortbildung begriffenen Stoff aufzufassen. Dies entsprach dem damaligen Stand der Naturwissenschaft und der damit zusammenhängenden metaphysischen, d. h. antidialektischen Weise des Philosophirens. Die Natur, das wußte man, war in ewiger Bewegung begriffen. Aber diese Bewegung drehte sich nach damaliger Vorstellung ebenso ewig im Kreise und kam daher nie vom Fleck; sie erzeugte immer wieder dieselben Ergebnisse. Diese Vorstellung war damals unvermeidlich. Die

Kant'sche Theorie von der Entstehung des Sonnensystems war erst soeben aufgestellt, und passirte nur noch als bloßes Kuriosum. Die Geschichte der Entwicklung der Erde, die Geologie, war noch total unbekannt, und die Vorstellung, daß die heutigen belebten Naturwesen das Ergebniß einer langen Entwicklungsreihe vom Einfachen zum Komplizirten sind, konnte damals wissenschaftlich überhaupt nicht aufgestellt werden. Die unhistorische Auffassung der Natur war also unvermeidlich. Man kann den Philosophen des 18. Jahrhunderts daraus um so weniger einen Vorwurf machen, als sie sich auch bei Hegel findet. Bei diesem ist die Natur, als bloße „Entäußerung" der Idee, keiner Entwicklung in der Zeit fähig, sondern nur einer Ausbreitung ihrer Mannichfaltigkeit im Raum, so daß sie alle in ihr einbegriffnen Entwicklungsstufen gleichzeitig und nebeneinander ausstellt und zu ewiger Wiederholung stets derselben Prozesse verdammt ist. Und diesen Widersinn einer Entwicklung im Raum, aber außer der Zeit — der Grundbedingung aller Entwicklung — bürdet Hegel der Natur auf grade zu derselben Zeit, wo die Geologie, die Embryologie, die pflanzliche und thierische Physiologie und die organische Chemie ausgebildet wurden, und wo überall auf Grundlage dieser neuen Wissenschaften geniale Vorahnungen der spätern Entwicklungstheorie auftauchten (z. B. Göthe und Lamarck). Aber das System erforderte es so, und so mußte die Methode, dem System zu lieb, sich selbst untreu werden.

Dieselbe unhistorische Auffassung galt auch auf dem Gebiet der Geschichte. Hier hielt der Kampf gegen die Reste des Mittelalters den Blick befangen. Das Mittelalter galt als einfache Unterbrechung der Geschichte durch tausendjährige allgemeine Barbarei; die großen Fortschritte des Mittelalters — die Erweiterung des europäischen Kulturgebiets, die lebensfähigen großen Nationen, die sich dort neben einander gebildet, endlich die enormen technischen Fortschritte des 14. und 15. Jahrhunderts — alles das sah man nicht. Damit war aber eine rationelle Einsicht in den großen geschichtlichen Zusammenhang unmöglich gemacht, und die Geschichte diente höchstens als eine Sammlung von Beispielen und Illustrationen zum Gebrauch der Philosophen.

Die vulgarisirenden Hausirer, die in den fünfziger Jahren in Deutschland in Materialismus machten, kamen in keiner Weise über diese Schranke ihrer Lehrer hinaus. Alle seitdem gemachten Fortschritte der Naturwissenschaft dienten ihnen nur als neue Beweisgründe gegen die Existenz des Weltschöpfers; und in der That lag es ganz außerhalb ihres Geschäfts, die Theorie weiter zu entwickeln. War der Idealismus am Ende seines Lateins, und durch die Revolution vor 1848 auf den Tod getroffen, so erlebte er die Genugthuung, daß der Materialismus momentan noch tiefer herunter gekommen war. Feuerbach hatte entschieden recht, wenn er die Verantwortung für diesen Materialismus ab= lehnte; nur durfte er die Lehre der Reiseprediger nicht verwechseln mit dem Materialismus überhaupt.

Indeß ist hier zweierlei zu bemerken. Erstens war auch zu Feuerbachs Lebzeiten die Naturwissenschaft noch in jenem heftigen Gährungsprozeß begriffen, der erst in den letzten fünf= zehn Jahren einen klärenden, relativen Abschluß erhalten hat; es wurde neuer Erkenntnißstoff in bisher unerhörtem Maß ge= liefert, aber die Herstellung des Zusammenhangs und damit der Ordnung in diesem Chaos sich überstürzender Entdeckungen ist erst ganz neuerdings möglich geworden. Zwar hat Feuerbach die drei entscheidenden Entdeckungen — die der Zelle, der Ver= wandlung der Energie und der nach Darwin benannten Ent= wicklungstheorie — noch alle erlebt. Aber wie sollte der einsame Philosoph auf dem Lande die Wissenschaft hinreichend verfolgen können, um Entdeckungen vollauf zu würdigen, die die Natur= forscher selbst damals theils noch bestritten, theils nicht hinreichend auszubeuten verstanden? Die Schuld fällt hier einzig auf die erbärmlichen deutschen Zustände, kraft deren die Lehrstühle der Philosophie von spiritisirenden eklektischen Flohknackern in Beschlag genommen wurden, während Feuerbach, der sie alle thurmhoch überragte, in einem kleinen Dorf verbauern und versauern mußte. Es ist also nicht Feuerbachs Schuld, wenn die jetzt möglich gewordne, alle Einseitigkeiten des französischen Materialismus entfernende, historische Naturauffassung ihm unzugänglich blieb.

Zweitens aber hat Feuerbach darin ganz recht, daß der blos naturwissenschaftliche Materialismus zwar die „Grundlage des Gebäudes des menschlichen Wissens ist, aber nicht das Gebäude selbst". Denn wir leben nicht nur in der Natur, sondern auch in der menschlichen Gesellschaft, und auch diese hat ihre Entwicklungsgeschichte und ihre Wissenschaft nicht minder als die Natur. Es handelte sich also darum, die Wissenschaft von der Gesellschaft, d. h. den Inbegriff der sogenannten historischen und philosophischen Wissenschaften, mit der materialistischen Grundlage in Einklang zu bringen und auf ihr zu rekonstruiren. Dies aber war Feuerbach nicht vergönnt. Hier blieb er, trotz der „Grundlage", in den überkommnen idealistischen Banden befangen, und dies erkennt er an mit den Worten: „Rückwärts stimme ich den Materialisten bei, aber nicht vorwärts." Wer aber hier, auf dem gesellschaftlichen Gebiet, nicht „vorwärts" kam, nicht über seinen Standpunkt von 1840 oder 44 hinaus, das war Feuerbach selbst, und zwar wiederum hauptsächlich in Folge seiner Verödung, die ihn zwang, Gedanken aus seinem einsamen Kopf zu produziren, — ihn, der vor allen andern Philosophen auf geselligen Verkehr veranlagt war — statt im freundlichen und feindlichen Zusammentreffen mit andern Menschen seines Kalibers. Wie sehr er auf diesem Gebiet Idealist bleibt, werden wir später im Einzelnen sehn.

Hier ist nur noch zu bemerken, daß Starcke den Idealismus Feuerbachs am unrechten Ort sucht. „Feuerbach ist Idealist, er glaubt an den Fortschritt der Menschheit." (S. 19.) — „Die Grundlage, der Unterbau des Ganzen, bleibt nichts desto weniger der Idealismus. Der Realismus ist für uns nichts weiter als ein Schutz gegen Irrwege, während wir unsern idealen Strömungen folgen. Sind nicht Mitleid, Liebe und Begeisterung für Wahrheit und Recht ideale Mächte?" (S. VIII.)

Erstens heißt hier Idealismus nichts andres als Verfolgung idealer Ziele. Diese aber haben nothwendig zu thun höchstens mit dem Kant'schen Idealismus und seinem „kategorischen Imperativ"; aber selbst Kant nannte seine Philosophie „transcendentalen Idealismus", keineswegs weil es sich darin auch um sittliche Ideale handelt, sondern aus ganz andren Gründen, wie Starcke sich erinnern wird. Der Aberglaube, daß der philosophische Idealismus sich um den Glauben an sittliche, d. h. gesellschaftliche Ideale drehe, ist entstanden außerhalb der Philosophie, beim deutschen Philister, der die ihm nöthigen wenigen philosophischen Bildungsbrocken in Schillers Gedichten auswendig lernt. Niemand hat den ohnmächtigen Kant'schen „kategorischen Imperativ" — ohnmächtig, weil er das Unmögliche fordert, also nie zu etwas Wirklichem kommt — schärfer kritisirt, niemand die durch Schiller vermittelte Philisterschwärmerei für unrealisirbare Ideale grausamer verspottet (siehe z. B. die Phänomenologie) als grade der vollendete Idealist Hegel.

Zweitens aber ist es nun einmal nicht zu vermeiden, daß alles, was einen Menschen bewegt, den Durchgang durch seinen Kopf machen muß — sogar Essen und Trinken, das in Folge von vermittelst des Kopfs empfundnem Hunger und Durst begonnen und in Folge von ebenfalls vermittelst des Kopfs empfundner Sättigung beendigt wird. Die Einwirkungen der Außenwelt auf den Menschen drücken sich in seinem Kopf aus, spiegeln sich darin ab als Gefühle, Gedanken, Triebe, Willensbestimmungen, kurz, als „ideale Strömungen" und werden in dieser Gestalt zu „idealen

Mächten". Wenn nun der Umstand, daß dieser Mensch überhaupt „idealen Strömungen folgt" und „idealen Mächten" einen Einfluß auf sich zugesteht, — wenn dies ihn zum Idealisten macht, so ist jeder einigermaßen normal entwickelte Mensch ein geborner Idealist und wie kann es da überhaupt noch Materialisten geben?

Drittens hat die Ueberzeugung, daß die Menschheit, augenblicklich wenigstens, sich im Ganzen und Großen in fortschreitender Richtung bewegt, absolut nichts zu thun mit dem Gegensatz von Materialismus und Idealismus. Die französischen Materialisten hatten diese Ueberzeugung in fast fanatischem Grad, nicht minder als die Deisten Voltaire und Rousseau, und brachten ihr oft genug die größten persönlichen Opfer. Wenn irgend Jemand der „Begeisterung für Wahrheit und Recht" — die Phrase im guten Sinn genommen — das ganze Leben weihte, so war es z. B. Diderot. Wenn also Starcke dies alles für Idealismus erklärt, so beweist dies nur, daß das Wort Materialismus und der ganze Gegensatz beider Richtungen für ihn hier allen Sinn verloren hat.

Die Thatsache ist, daß Starcke hier dem von der langjährigen Pfaffenverlästerung her überkommenen Philistervorurtheil gegen den Namen Materialismus eine unverzeihliche Konzession macht — wenn auch vielleicht unbewußt. Der Philister versteht unter Materialismus Fressen, Saufen, Augenlust, Fleischeslust und hoffärtiges Wesen, Geldgier, Geiz, Habsucht, Profitmacherei und Börsenschwindel, kurz alle die schmierigen Laster, denen er selbst im Stillen fröhnt; und unter Idealismus den Glauben an Tugend, allgemeine Menschenliebe und überhaupt eine „bessere Welt", womit er vor Andern renommirt, woran er selbst aber höchstens glaubt, so lange er den auf seine gewohnheitsmäßigen „materialistischen" Exzesse nothwendig folgenden Katzenjammer oder Bankerott durchzumachen pflegt, und dazu sein Lieblingslied singt: Was ist der Mensch — halb Thier, halb Engel.

Im Uebrigen giebt sich Starcke viel Mühe, Feuerbach gegen die Angriffe und Lehrsätze der sich heute unter dem Namen Philosophen in Deutschland breit machenden Dozenten zu vertheidigen. Für Leute, die sich für diese Nachgeburt der klassischen Philosophie interessiren, ist das gewiß wichtig; für Starcke selbst mochte dies nothwendig scheinen. Wir verschonen den Leser damit.

III.

Der wirkliche Idealismus Feuerbachs tritt zu Tage, sobald wir auf seine Religionsphilosophie und Ethik kommen. Er will die Religion keineswegs abschaffen, er will sie vollenden. Die Philosophie selbst soll aufgehn in Religion. „Die Perioden der Menschheit unterscheiden sich nur durch religiöse Veränderungen. Nur da geht eine geschichtliche Bewegung auf den Grund ein, wo sie auf das Herz des Menschen eingeht. Das Herz ist nicht eine Form der Religion, so daß sie auch im Herzen sein sollte; es ist das Wesen der Religion." (Citirt bei Starcke S. 168.) Religion ist nach Feuerbach das Gefühlsverhältniß, das Herzensverhältniß zwischen Mensch und Mensch, das bisher in einem phantastischen Spiegelbild der Wirklichkeit — in der Vermittlung durch einen oder viele Götter, phantastische Spiegelbilder menschlicher Eigenschaften — seine Wahrheit suchte, jetzt aber in der Liebe zwischen Ich und Du sie direkt und ohne Vermittlung findet. Und so wird bei Feuerbach schließlich die Geschlechtsliebe eine der höchsten, wenn nicht die höchste Form der Ausübung seiner neuen Religion.

Nun haben Gefühlsverhältnisse zwischen den Menschen, namentlich auch zwischen beiden Geschlechtern, bestanden solange es Menschen gibt. Die Geschlechtsliebe speziell hat in den letzten achthundert Jahren eine Ausbildung erhalten und eine Stellung erobert, die sie während dieser Zeit zum obligatorischen Drehzapfen aller Poesie gemacht hat. Die bestehenden positiven Religionen haben sich darauf beschränkt, der staatlichen Regelung der Geschlechtsliebe, d. h. der Ehegesetzgebung, die höhere Weihe zu geben, und können morgen sämmtlich verschwinden, ohne daß an der Praxis von Liebe und Freundschaft das Geringste geändert wird. Wie die christliche Religion denn auch in Frankreich von 1793 bis 1798 faktisch so sehr verschwunden war, daß selbst Napoleon sie nicht ohne Widerstreben und Schwierigkeit wieder einführen konnte, ohne daß jedoch während des Zwischenraums das Bedürfniß nach einem Ersatz im Sinn Feuerbachs hervortrat.

Der Idealismus besteht hier bei Feuerbach darin, daß er die auf gegenseitiger Neigung beruhenden Verhältnisse der Menschen zu einander, Geschlechtsliebe, Freundschaft, Mitleid, Aufopferung u. s. w. nicht einfach als das gelten läßt, was sie ohne Rückerinnerung an eine, auch für ihn der Vergangenheit angehörige, besondre Religion aus sich selbst sind, sondern behauptet, sie kämen erst zu ihrer vollen Geltung, sobald man ihnen eine höhere Weihe gibt durch den Namen Religion. Die Hauptsache für ihn ist nicht, daß diese rein menschlichen Beziehungen existiren, sondern daß sie als die neue, wahre Religion aufgefaßt werden. Sie sollen für voll gelten, erst wenn sie religiös abgestempelt sind. Religion kommt her von religare und heißt ursprünglich Verbindung. Also ist jede Verbindung zweier Menschen eine Religion. Solche etymologische Kunststücke bilden das letzte Auskunftsmittel der idealistischen Philosophie. Nicht was das Wort nach der geschichtlichen Entwicklung seines wirklichen Gebrauchs bedeutet, sondern was es der Abstammung nach bedeuten sollte, das soll gelten. Und so wird die Geschlechtsliebe und die geschlechtliche Verbindung in eine „Religion" verhimmelt, damit nur ja nicht das der idealistischen Erinnerung theure Wort Religion aus der Sprache verschwinde. Grade so sprachen in den vierziger Jahren die Pariser Reformisten der Louis Blanc'schen Richtung, die sich ebenfalls einen Menschen ohne Religion nur als ein Monstrum vorstellen konnten und uns sagten: Donc, l'athéisme c'est votre réligion! Wenn Feuerbach die wahre Religion auf Grundlage einer wesentlich materialistischen Naturanschauung herstellen will, so heißt das soviel wie die moderne Chemie als die wahre Alchymie auffassen. Wenn die Religion ohne ihren Gott bestehen kann, dann auch die Alchymie ohne ihren Stein der Weisen. Es besteht übrigens ein sehr enges Band zwischen Alchymie und Religion. Der Stein der Weisen hat viele gottähnliche Eigenschaften, und die ägyptisch-griechischen Alchymisten der ersten beiden Jahrhunderte unserer Zeitrechnung haben bei der Ausbildung der christlichen Doktrin ihr Händchen mit im Spiel gehabt, wie die bei Kopp und Berthelot gegebenen Daten beweisen.

Entschieden falsch ist Feuerbachs Behauptung, daß die „Perioden der Menschheit sich nur durch religiöse Veränderungen unterscheiden". Große geschichtliche Wendepunkte sind von religiösen Veränderungen begleitet worden nur soweit die drei Weltreligionen in Betracht kommen, die bisher bestanden haben: Buddhismus, Christenthum, Islam. Die alten naturwüchsig entstandnen Stammes- und Nationalreligionen waren nicht propagandistisch, und verloren alle Widerstandskraft, sobald die Selbständigkeit der Stämme und Völker gebrochen war; bei den Germanen genügte sogar die einfache Berührung mit dem verfallenden römischen Weltreich und der von ihm soeben aufgenommenen, seinem ökonomischen, politischen und ideellen Zustand angemeßnen christlichen Weltreligion. Erst bei diesen mehr oder weniger künstlich entstandnen Weltreligionen, namentlich beim Christenthum und Islam, finden wir, daß allgemeinere geschichtliche Bewegungen ein religiöses Gepräge annehmen, und selbst auf dem Gebiet des Christenthums ist das religiöse Gepräge, für Revolutionen von wirklich universeller Bedeutung, beschränkt auf die ersten Stufen des Emanzipationskampfs der Bourgeoisie, vom dreizehnten bis zum siebzehnten Jahrhundert, und erklärt sich nicht, wie Feuerbach meint, aus dem Herzen des Menschen und seinem Religionsbedürfniß, sondern aus der ganzen mittelalterlichen Vorgeschichte, die keine andere Form der Ideologie kannte als eben die Religion und Theologie. Als aber die Bourgeoisie im achtzehnten Jahrhundert hinreichend erstarkt war, um auch ihre eigne, ihrem Klassenstandpunkt angemeßne Ideologie zu haben, da machte sie ihre große und endgültige Revolution, die französische, unter dem ausschließlichen Appell an juristische und politische Ideen durch, und kümmerte sich um die Religion nur so weit, als diese ihr im Wege stand; es fiel ihr aber nicht ein, eine neue Religion an die Stelle der alten zu setzen; man weiß wie Robespierre damit scheiterte.

Die Möglichkeit rein menschlicher Empfindung im Verkehr mit andern Menschen wird uns heutzutage schon genug verkümmert durch die auf Klassengegensatz und Klassenherrschaft gegründete Gesellschaft, in der wir uns bewegen müssen: wir haben keinen Grund, sie uns selbst noch mehr zu verkümmern, indem wir diese Empfindungen in eine Religion verhimmeln. Und ebenso wird das Verständniß der geschichtlichen großen Klassenkämpfe von der landläufigen Geschichtschreibung, namentlich in Deutschland, schon hinreichend verdunkelt, auch ohne daß wir nöthig hätten, es durch Verwandlung dieser Kampfesgeschichte in einen bloßen Anhang der Kirchengeschichte uns vollends unmöglich zu machen. Schon hier zeigt sich, wie weit wir uns heute von Feuerbach entfernt haben. Seine „schönsten Stellen", zur Feier dieser neuen Liebesreligion, sind heute gar nicht mehr lesbar.

Die einzige Religion, die Feuerbach ernstlich untersucht, ist das Christenthum, die Weltreligion des Abendlands, die auf den Monotheismus gegründet ist. Er weist nach, daß der christliche Gott nur der phantastische Reflex, das Spiegelbild des Menschen ist. Nun aber ist dieser Gott selbst das Produkt eines langwierigen Abstraktionsprozesses, die konzentrirte Quintessenz der früheren vielen Stammes= und Nationalgötter. Und dementsprechend ist auch der Mensch, dessen Abbild jener Gott ist, nicht ein wirk=

licher Mensch, sondern ebenfalls die Quintessenz der vielen wirklichen Menschen, der abstrakte Mensch, also selbst wieder ein Gedankenbild. Derselbe Feuerbach, der auf jeder Seite Sinnlichkeit, Versenkung ins Konkrete, in die Wirklichkeit predigt, er wird durch und durch abstrakt, sowie er auf einen weiteren, als den blos geschlechtlichen Verkehr zwischen den Menschen zu sprechen kommt.

Dieser Verkehr bietet ihm nur eine Seite: die Moral. Und hier frappirt uns wieder die erstaunliche Armuth Feuerbachs verglichen mit Hegel. Dessen Ethik oder Lehre von der Sittlichkeit ist die Rechtsphilosophie und umfaßt: 1. das abstrakte Recht, 2. die Moralität, 3. die Sittlichkeit, unter welcher wieder zusammengefaßt sind: die Familie, die bürgerliche Gesellschaft, der Staat. So idealistisch die Form, so realistisch ist hier der Inhalt. Das ganze Gebiet des Rechts, der Oekonomie, der Politik ist neben der Moral hier mit einbegriffen. Bei Feuerbach grade umgekehrt. Er ist der Form nach realistisch, er geht vom Menschen aus; aber von der Welt, worin dieser Mensch lebt, ist absolut nicht die Rede, und so bleibt dieser Mensch stets derselbe abstrakte Mensch, der in der Religionsphilosophie das Wort führte. Dieser Mensch ist eben nicht aus dem Mutterleib geboren, er hat sich aus dem Gott der monotheistischen Religionen entpuppt, er lebt daher auch nicht in einer wirklichen, geschichtlich entstandenen und geschichtlich bestimmten Welt; er verkehrt zwar mit andern Menschen, aber jeder andre ist ebenso abstrakt wie er selbst. In der Religionsphilosophie hatten wir doch noch Mann und Weib, aber in der Ethik verschwindet auch dieser letzte Unterschied. Allerdings kommen bei Feuerbach in weiten Zwischenräumen Sätze vor wie: „In einem Palast denkt man anders, als in einer Hütte." — „Wo du vor Hunger, vor Elend keinen Stoff im Leibe hast, da hast du auch in deinem Kopfe, in deinem Sinne und Herzen keinen Stoff zur Moral." — „Die Politik muß unsere

Religion werden" u. s. w. Aber mit diesen Sätzen weiß Feuerbach absolut nichts anzufangen, sie bleiben pure Redensarten, und selbst Starcke muß eingestehn, daß die Politik für Feuerbach eine unpassirbare Grenze war und die „Gesellschaftslehre, die Soziologie für ihn eine terra incognita".

Ebenso flach erscheint er gegenüber Hegel in der Behandlung des Gegensatzes von Gut und Böse. „Man glaubt etwas sehr Großes zu sagen, heißt es bei Hegel, wenn man sagt: Der Mensch ist von Natur gut; aber man vergißt, daß man etwas weit Größeres sagt mit den Worten: der Mensch ist von Natur böse." Bei Hegel ist das Böse die Form, worin die Triebkraft der geschichtlichen Entwicklung sich darstellt. Und zwar liegt hierin der doppelte Sinn, daß einerseits jeder neue Fortschritt nothwendig auftritt als Frevel gegen ein Heiliges, als Rebellion gegen die alten, absterbenden, aber durch die Gewohnheit geheiligten Zustände, und andrerseits, daß seit dem Aufkommen der Klassengegensätze es grade die schlechten Leidenschaften der Menschen sind, Habgier und Herrschsucht, die zu Hebeln der geschichtlichen Entwicklung werden, wovon z. B. die Geschichte des Feudalismus und der Bourgeoisie ein einziger fortlaufender Beweis ist. Aber die historische Rolle des moralisch Bösen zu untersuchen, fällt Feuerbach nicht ein. Die Geschichte ist ihm überhaupt ein ungemüthliches, unheimliches Feld. Sogar sein Ausspruch: „Der Mensch, der ursprünglich aus der Natur entsprang, war auch nur ein reines Naturwesen, kein Mensch. Der Mensch ist ein Produkt des Menschen, der Kultur, der Geschichte" — selbst dieser Ausspruch bleibt bei ihm durchaus unfruchtbar.

Was uns Feuerbach über Moral mittheilt, kann hiernach nur äußerst mager sein. Der Glückseligkeitstrieb ist dem Menschen eingeboren und muß daher die Grundlage aller Moral bilden. Aber der Glückseligkeitstrieb erfährt eine doppelte Korrektur. Erstens durch die natürlichen Folgen unsrer Handlungen: auf den

Rausch folgt der Katzenjammer, auf den gewohnheitsmäßigen Exzeß die Krankheit. Zweitens durch ihre gesellschaftlichen Folgen: respektiren wir nicht den gleichen Glückseligkeitstrieb der Andern, so wehren sie sich und stören unsern eignen Glückseligkeitstrieb. Hieraus folgt, daß wir, um unsern Trieb zu befriedigen, die Folgen unsrer Handlungen richtig abzuschätzen im Stande sein, und andrerseits die Gleichberechtigung des entsprechenden Triebs bei Andern gelten lassen müssen. Rationelle Selbstbeschränkung in Beziehung auf uns selbst, und Liebe — immer wieder Liebe! — im Verkehr mit Andern sind also die Grundregeln der Feuerbach'schen Moral, aus denen alle andern sich ableiten. Und weder die geistvollsten Ausführungen Feuerbachs, noch die stärksten Lobsprüche Starcke's können die Dünnheit und Plattheit dieser paar Sätze verdecken.

Der Glückseligkeitstrieb befriedigt sich nur sehr ausnahmsweise und keineswegs zu seinem und andrer Leute Vortheil durch die Beschäftigung eines Menschen mit ihm selbst. Sondern er erfordert Beschäftigung mit der Außenwelt, Mittel der Befriedigung, also Nahrung, ein Individuum des andern Geschlechts, Bücher, Unterhaltung, Debatte, Thätigkeit, Gegenstände der Benutzung und Verarbeitung. Die Feuerbach'sche Moral setzt entweder voraus, daß diese Mittel und Gegenstände der Befriedigung jedem Menschen ohne Weiteres gegeben sind, oder aber sie giebt ihm nur unanwendbare gute Lehren, ist also keinen Schuß Pulver werth für die Leute, denen diese Mittel fehlen. Und das erklärt Feuerbach selbst in dürren Worten: „In einem Palast denkt man anders als in einer Hütte. Wo du vor Hunger, vor Elend keinen Stoff im Leibe hast, da hast du auch in deinem Kopf, in deinem Sinn und Herzen keinen Stoff zur Moral."

Steht es etwa besser mit der Gleichberechtigung des Glückseligkeitstriebs Andrer? Feuerbach stellte diese Forderung absolut hin, als gültig für alle Zeiten und Umstände. Aber seit wann gilt sie? War im Alterthum zwischen Sklaven und Herren, im Mittelalter zwischen Leibeignen und Baronen je die Rede von Gleichberechtigung des Glückseligkeitstriebs? Wurde nicht der Glückseligkeitstrieb der unterdrückten Klasse rücksichtslos und „von Rechtswegen" dem der herrschenden zum Opfer gebracht? — Ja, das war auch unmoralisch, jetzt aber ist die Gleichberechtigung anerkannt. — Anerkannt in der Phrase, seitdem und sintemal die Bourgeoisie in ihrem Kampf gegen die Feudalität und in der Ausbildung der kapitalistischen Produktion gezwungen war, alle ständischen, d. h. persönlichen Privilegien abzuschaffen und zuerst die privatrechtliche, dann auch allmählich die staatsrechtliche, juristische Gleichberechtigung der Person einzuführen. Aber der Glückseligkeitstrieb lebt nur zum geringsten Theil von ideellen Rechten, und zum allergrößten von materiellen Mitteln, und da sorgt die kapitalistische Produktion dafür, daß der großen Mehrzahl der gleichberechtigten Personen nur das zum knappen Leben Nothwendige zufällt, respektirt also die Gleichberechtigung des Glückseligkeitstriebs der Mehrzahl kaum, wenn überhaupt, besser als die Sklaverei oder die Leibeigenschaft dies that. Und steht es besser in Betreff der geistigen Mittel der Glückseligkeit, der Bildungsmittel? Ist nicht selbst „der Schulmeister von Sadowa" eine mythische Person?

Noch mehr. Nach der Feuerbach'schen Moraltheorie ist die Fondsbörse der höchste Tempel der Sittlichkeit — vorausgesetzt nur, daß man stets richtig spekulirt. Wenn mein Glückseligkeitstrieb mich auf die Börse führt und ich dort die Folgen meiner Handlungen so richtig erwäge, daß sie mir nur Annehmlichkeit und keinen Nachtheil bringen, d. h. daß ich stets gewinne, so ist Feuerbachs Vorschrift erfüllt. Auch greife ich dadurch nicht in den gleichen Glückseligkeitstrieb eines Andern ein, denn der Andre ist ebenso freiwillig an die Börse gegangen wie ich, ist beim Abschluß des Spekulationsgeschäfts mit mir ebensogut seinem

Glückseligkeitstrieb gefolgt wie ich dem meinigen. Und verliert er sein Geld, so beweist sich eben dadurch seine Handlung, weil schlecht berechnet, als unsittlich, und indem ich an ihm die verdiente Strafe vollstrecke, kann ich mich sogar als moderner Rhadamanthus stolz in die Brust werfen. Auch die Liebe herrscht an der Börse, insoweit sie nicht blos sentimentale Phrase ist, denn Jeder findet im Andern die Befriedigung seines Glückseligkeitstriebs, und das ist ja, was die Liebe leisten soll und worin sie praktisch sich bethätigt. Und wenn ich da in richtiger Voraussicht der Folgen meiner Operationen, also mit Erfolg spiele, so erfülle ich alle die strengsten Forderungen der Feuerbach'schen Moral und werde ein reicher Mann obendrein. Mit andern Worten, Feuerbachs Moral ist auf die heutige kapitalistische Gesellschaft zugeschnitten, so wenig er selbst das wollen oder ahnen mag.

Aber die Liebe! — Ja, die Liebe ist überall und immer der Zaubergott, der bei Feuerbach über alle Schwierigkeiten des praktischen Lebens hinweghelfen soll — und das in einer Gesellschaft, die in Klassen mit diametral entgegengesetzten Interessen gespalten ist. Damit ist denn der letzte Rest ihres revolutionären Charakters aus der Philosophie verschwunden, und es bleibt nur die alte Leier: Liebet euch untereinander, fallt euch in die Arme ohne Unterschied des Geschlechts und des Standes — allgemeiner Versöhnungsdusel!

Kurz und gut. Es geht der Feuerbach'schen Moraltheorie wie allen ihren Vorgängerinnen. Sie ist auf alle Zeiten, alle Völker, alle Zustände zugeschnitten, und eben deswegen ist sie nie und nirgends anwendbar und bleibt der wirklichen Welt gegenüber ebenso ohnmächtig wie Kants kategorischer Imperativ. In Wirklichkeit hat jede Klasse, sogar jede Berufsart ihre eigne Moral und bricht auch diese, wo sie es ungestraft thun kann, und die Liebe, die Alles einen soll, kommt zu Tag in Kriegen,

Streitigkeiten, Prozessen, häuslichem Krakehl, Ehescheidung und möglichster Ausbeutung der Einen durch die Andern.

Wie aber war es möglich, daß der gewaltige, durch Feuerbach gegebene Anstoß für ihn selbst so unfruchtbar auslief? Einfach dadurch, daß Feuerbach aus dem, ihm selbst tödtlich verhaßten, Reich der Abstraktionen den Weg nicht finden kann zur lebendigen Wirklichkeit. Er klammert sich gewaltsam an die Natur und den Menschen; aber Natur und Mensch bleiben bei ihm blos Worte. Weder von der wirklichen Natur, noch von den wirklichen Menschen weiß er uns etwas Bestimmtes zu sagen. Vom Feuerbach'schen abstrakten Menschen kommt man aber nur zu den wirklichen lebendigen Menschen, wenn man sie in der Geschichte handelnd betrachtet. Und dagegen sträubte sich Feuerbach und daher bedeutete das Jahr 1848, das er nicht begriff, für ihn nur den endgültigen Bruch mit der wirklichen Welt, den Rückzug in die Einsamkeit. Die Schuld hieran tragen wiederum hauptsächlich die deutschen Verhältnisse, die ihn elend verkommen ließen.

Aber der Schritt, den Feuerbach nicht that, mußte dennoch gethan werden; der Kultus des abstrakten Menschen, der den Kern der Feuerbach'schen neuen Religion bildete, mußte ersetzt werden durch die Wissenschaft von den wirklichen Menschen und ihrer geschichtlichen Entwicklung. Diese Fortentwicklung des Feuerbach'schen Standpunkts über Feuerbach hinaus wurde eröffnet 1845 durch Marx in der „heiligen Familie".

IV.

Strauß, Bauer, Stirner, Feuerbach, das waren die Ausläufer der Hegel'schen Philosophie, soweit sie den philosophischen Boden nicht verließen. Strauß hat, nach dem „Leben Jesu" und der „Dogmatik", nur noch philosophische und kirchengeschichtliche Belletristik à la Rénan getrieben; Bauer hat nur auf dem Gebiet der Entstehungsgeschichte des Christenthums etwas geleistet, aber hier auch Bedeutendes; Stirner blieb ein Kuriosum, selbst nachdem Bakunin ihn mit Proudhon verquickt und diese Verquickung „Anarchismus" getauft hatte; Feuerbach allein war bedeutend als Philosoph. Aber nicht nur blieb die Philosophie, die angeblich über allen besondern Wissenschaften schwebende, sie zusammenfassende Wissenschaftswissenschaft für ihn eine unüberschreitbare Schranke, ein unantastbar Heiliges; er blieb auch als Philosoph auf halbem Wege stehen, war unten Materialist, oben Idealist; er wurde mit Hegel nicht kritisch fertig, sondern warf ihn als unbrauchbar einfach bei Seite, während er selbst, gegenüber dem encyklopädischen Reichthum des Hegel'schen Systems, nichts Positives fertig brachte als eine schwülstige Liebesreligion und eine magere, ohnmächtige Moral.

Aus der Auflösung der Hegel'schen Schule ging aber noch eine andere Richtung hervor, die einzige, die wirklich Früchte getragen hat, und diese Richtung knüpft sich wesentlich an den Namen Marx.*

---

* Man gestatte mir hier eine persönliche Erläuterung. Man hat neuerdings mehrfach auf meinen Antheil an dieser Theorie hingewiesen, und so kann ich kaum umhin, hier die wenigen Worte zu

Die Trennung von der Hegel'schen Philosophie erfolgte auch hier durch die Rückkehr zum materialistischen Standpunkt. Das heißt, man entschloß sich, die wirkliche Welt — Natur und Geschichte — so aufzufassen, wie sie sich selbst einem Jeden giebt, der ohne vorgefaßte idealistische Schrullen an sie herantritt; man entschloß sich, jede idealistische Schrulle unbarmherzig zum Opfer zu bringen, die sich mit den, in ihrem eignen Zusammenhang, und in keinem phantastischen, aufgefaßten Thatsachen nicht in Einklang bringen ließ. Und weiter heißt Materialismus überhaupt nichts. Nur daß hier zum ersten Mal mit der materialistischen Weltanschauung wirklich Ernst gemacht, daß sie auf allen in Frage kommenden Gebieten des Wissens — wenigstens in den Grundzügen — konsequent durchgeführt wurde.

Hegel wurde nicht einfach abseits gelegt; man knüpfte im Gegentheil an an seine oben entwickelte revolutionäre Seite, an die dialektische Methode. Aber diese Methode war in ihrer Hegel'schen Form unbrauchbar. Bei Hegel ist die Dialektik die Selbstentwicklung des Begriffs. Der absolute Begriff ist nicht nur von Ewigkeit — unbekannt wo? — vorhanden, er ist auch die eigentliche lebendige Seele der ganzen bestehenden Welt. Er

---

sagen, wodurch dieser Punkt sich erledigt. Daß ich vor und während meinem vierzigjährigen Zusammenwirken mit Marx sowohl an der Begründung wie namentlich an der Ausarbeitung der Theorie einen gewissen selbstständigen Antheil hatte, kann ich selbst nicht läugnen. Aber der größte Theil der leitenden Grundgedanken, besonders auf ökonomischem und geschichtlichem Gebiet, und speziell ihre schließliche scharfe Fassung, gehört Marx. Was ich beigetragen, das konnte — allenfalls ein paar Spezialfächer ausgenommen — Marx auch wohl ohne mich fertig bringen. Was Marx geleistet, hätte ich nicht fertig gebracht. Marx stand höher, sah weiter, überblickte mehr und rascher als wir Andern alle. Marx war ein Genie, wir Andern höchstens Talente. Ohne ihn wäre die Theorie heute bei Weitem nicht das, was sie ist. Sie trägt daher auch mit Recht seinen Namen.

entwickelt sich zu sich selbst durch alle die Vorstufen, die in der „Logik" des Breiteren abgehandelt und die alle in ihm eingeschlossen sind; dann „entäußert" er sich, indem er sich in die Natur verwandelt, wo er ohne Bewußtsein seiner selbst, verkleidet als Naturnothwendigkeit eine neue Entwicklung durchmacht und zuletzt im Menschen wieder zum Selbstbewußtsein kommt; dies Selbstbewußtsein arbeitet sich nun in der Geschichte wieder aus dem Rohen heraus, bis endlich der absolute Begriff wieder vollständig zu sich selbst kommt in der Hegel'schen Philosophie. Bei Hegel ist also die in der Natur und Geschichte zu Tage tretende dialektische Entwicklung, d. h. der ursächliche Zusammenhang des, durch alle Zickzackbewegungen und momentanen Rückschritte hindurch, sich durchsetzenden Fortschreitens vom Niedern zum Höhern, nur der Abklatsch der von Ewigkeit her, man weiß nicht wo, aber jedenfalls unabhängig von jedem denkenden Menschenhirn, vor sich gehenden Selbstbewegung des Begriffs. Diese ideologische Verkehrung galt es zu beseitigen. Wir faßten die Begriffe unsres Kopfs wieder materialistisch als die Abbilder der wirklichen Dinge, statt die wirklichen Dinge als Abbilder dieser oder jener Stufe des absoluten Begriffs. Damit reduzirte sich die Dialektik auf die Wissenschaft von den allgemeinen Gesetzen der Bewegung, sowohl der äußern Welt wie des menschlichen Denkens — zwei Reihen von Gesetzen, die der Sache nach identisch, dem Ausdruck nach aber insofern verschieden sind, als der menschliche Kopf sie mit Bewußtsein anwenden kann, während sie in der Natur und bis jetzt auch großentheils in der Menschengeschichte sich in unbewußter Weise, in der Form der äußern Nothwendigkeit, inmitten einer endlosen Reihe scheinbarer Zufälligkeiten durchsetzen. Damit aber wurde die Begriffsdialektik selbst nur der bewußte Reflex der dialektischen Bewegung der wirklichen Welt, und damit wurde die Hegel'sche Dialektik auf den Kopf, oder vielmehr vom Kopf, auf dem sie stand, wieder auf die Füße gestellt. Und diese

materialistische Dialektik, die seit Jahren unser bestes Arbeits=
mittel und unsere schärfste Waffe war, wurde merkwürdigerweise
nicht nur von uns, sondern außerdem noch, unabhängig von uns
und selbst von Hegel, wieder entdeckt von einem deutschen Arbeiter,
Joseph Dietzgen.*

Hiermit war aber die revolutionäre Seite der Hegel'schen
Philosophie wieder aufgenommen und gleichzeitig von den ideali=
stischen Verbrämungen befreit, die bei Hegel ihre konsequente
Durchführung verhindert hatten. Der große Grundgedanke, daß
die Welt nicht als ein Komplex von fertigen Dingen zu fassen
ist, sondern als ein Komplex von Prozessen, worin die scheinbar
stabilen Dinge, nicht minder wie ihre Gedanken=Abbilder in unserm
Kopf, die Begriffe, eine ununterbrochene Veränderung des Werdens
und Vergehens durchmachen, in der bei aller scheinbaren Zu=
fälligkeit und trotz aller momentanen Rückläufigkeit schließlich eine
fortschreitende Entwicklung sich durchsetzt — dieser große Grund=
gedanke ist namentlich seit Hegel so sehr in das gewöhnliche
Bewußtsein übergegangen, daß er in dieser Allgemeinheit wohl
kaum noch Widerspruch findet. Aber ihn in der Phrase an=
erkennen und ihn in der Wirklichkeit im Einzelnen auf jedem
zur Untersuchung kommenden Gebiet durchführen, ist zweierlei.
Geht man aber bei der Untersuchung stets von diesem Gesichts=
punkt aus, so hört die Forderung endgültiger Lösungen und
ewiger Wahrheiten ein= für allemal auf; man ist sich der noth=
wendigen Beschränktheit aller gewonnenen Erkenntniß stets bewußt,
ihrer Bedingtheit durch die Umstände, unter denen sie gewonnen
wurde; aber man läßt sich auch nicht mehr imponiren durch die,
der noch stets landläufigen alten Metaphysik unüberwindlichen
Gegensätze von Wahr und Falsch, Gut und Schlecht, Identisch

---

* S. „Das Wesen der Kopfarbeit, von einem Handarbeiter."
Hamburg, Meißner.

und Verschieden, Nothwendig und Zufällig; man weiß, daß diese Gegensätze nur relative Gültigkeit haben, daß das jetzt für wahr Erkannte seine verborgene, später hervortretende falsche Seite ebensogut hat, wie das jetzt als falsch Erkannte seine wahre Seite, kraft deren es früher für wahr gelten konnte; daß das behauptete Nothwendige sich aus lauter Zufälligkeiten zusammensetzt und das angeblich Zufällige die Form ist, hinter der die Nothwendigkeit sich birgt — und so weiter.

Die alte Untersuchungs= und Denkmethode, die Hegel die „metaphysische" nennt, die sich vorzugsweise mit Untersuchung der Dinge als gegebener fester Bestände beschäftigte und deren Reste noch stark in den Köpfen spuken, hatte ihrer Zeit eine große geschichtliche Berechtigung. Die Dinge mußten erst untersucht werden, ehe die Prozesse untersucht werden konnten. Man mußte erst wissen, was ein beliebiges Ding war, ehe man die an ihm vorgehenden Veränderungen vornehmen konnte. Und so war es in der Naturwissenschaft. Die alte Metaphysik, die die Dinge als fertige hinnahm, entstand aus einer Naturwissenschaft, die die todten und lebendigen Dinge als fertige untersuchte. Als aber diese Untersuchung soweit gediehen war, daß der entscheidende Fortschritt möglich wurde, der Uebergang zur systematischen Untersuchung der mit diesen Dingen in der Natur selbst vorgehenden Veränderungen, da schlug auch auf philosophischem Gebiet die Sterbestunde der alten Metaphysik. Und in der That, wenn die Naturwissenschaft bis Ende des letzten Jahrhunderts vorwiegend sammelnde Wissenschaft, Wissenschaft von fertigen Dingen war, so ist sie in unserm Jahrhundert wesentlich ordnende Wissenschaft, Wissenschaft von den Vorgängen, vom Ursprung und der Entwicklung dieser Dinge und vom Zusammenhang, der diese Naturvorgänge zu einem großen Ganzen verknüpft. Die Physiologie, die die Vorgänge im pflanzlichen und thierischen Organismus untersucht, die Embryologie, die die Entwicklung des einzelnen

Organismus vom Keim bis zur Reife behandelt, die Geologie, die die allmälige Bildung der Erdoberfläche verfolgt, sie alle sind Kinder unseres Jahrhunderts.

Vor allem sind es aber drei große Entdeckungen, die unsere Kenntniß vom Zusammenhang der Naturprozesse mit Riesenschritten vorangetrieben haben: Erstens die Entdeckung der Zelle als der Einheit, aus deren Vervielfältigung und Differenzirung der ganze pflanzliche und thierische Körper sich entwickelt, sodaß nicht nur die Entwicklung und das Wachsthum aller höheren Organismen als nach einem einzigen allgemeinen Gesetz vor sich gehend erkannt, sondern auch in der Veränderungsfähigkeit der Zelle der Weg gezeigt ist, auf dem Organismen ihre Art verändern und damit eine mehr als individuelle Entwicklung durchmachen können. — Zweitens die Verwandlung der Energie, die uns alle zunächst in der anorganischen Natur wirksamen sogenannten Kräfte, die mechanische Kraft und ihre Ergänzung, die sogenannte potentielle Energie, Wärme, Strahlung (Licht, resp. strahlende Wärme), Elektrizität, Magnetismus, chemische Energie, als verschiedene Erscheinungsformen der universellen Bewegung nachgewiesen hat, die in bestimmten Maßverhältnissen die eine in die andere übergehn, sodaß für die Menge der einen, die verschwindet, eine bestimmte Menge einer andern wiedererscheint und sodaß die ganze Bewegung der Natur sich auf diesen unaufhörlichen Prozeß der Verwandlung aus einer Form in die andre reduzirt. — Endlich der zuerst von Darwin im Zusammenhang entwickelte Nachweis, daß der heute uns umgebende Bestand organischer Naturprodukte, die Menschen eingeschlossen, das Erzeugniß eines langen Entwicklungsprozesses aus wenigen ursprünglich einzelligen Keimen ist und diese wieder aus, auf chemischem Weg entstandenem, Protoplasma oder Eiweiß hervorgegangen sind.

Dank diesen drei großen Entdeckungen und den übrigen gewaltigen Fortschritten der Naturwissenschaft sind wir jetzt soweit, den Zusammenhang zwischen den Vorgängen in der Natur nicht nur auf den einzelnen Gebieten, sondern auch den der einzelnen Gebiete unter sich im Ganzen und Großen nachweisen und so ein übersichtliches Bild des Naturzusammenhangs in annähernd systematischer Form, vermittelst der durch die empirische Naturwissenschaft selbst gelieferten Thatsachen darstellen zu können. Dies Gesammtbild zu liefern, war früher die Aufgabe der sogenannten Naturphilosophie. Sie konnte dies nur, indem sie die noch unbekannten wirklichen Zusammenhänge durch ideelle, phantastische ersetzte, die fehlenden Thatsachen durch Gedankenbilder ergänzte, die wirklichen Lücken in der bloßen Einbildung ausfüllte. Sie hat bei diesem Verfahren manche geniale Gedanken gehabt, manche spätern Entdeckungen vorausgeahnt, aber auch beträchtlichen Unsinn zu Tage gefördert, wie das nicht anders möglich war. Heute, wo man die Resultate der Naturforschung nur dialektisch, d. h. im Sinn ihres eignen Zusammenhangs aufzufassen braucht, um zu einem, für unsere Zeit genügenden „System der Natur" zu kommen, wo der dialektische Charakter dieses Zusammenhangs sich sogar den metaphysisch geschulten Köpfen der Naturforscher gegen ihren Willen aufzwingt, heute ist die Naturphilosophie endgültig beseitigt. Jeder Versuch ihrer Wiederbelebung wäre nicht nur überflüssig, er wäre ein Rückschritt.

Was aber von der Natur gilt, die hiermit auch als ein geschichtlicher Entwicklungsprozeß erkannt ist, das gilt auch von der Geschichte der Gesellschaft in allen ihren Zweigen, und von der Gesammtheit aller der Wissenschaften, die sich mit menschlichen (und göttlichen) Dingen beschäftigen. Auch hier hat die Philosophie der Geschichte, des Rechts, der Religion u. s. w. darin bestanden, daß an die Stelle des in den Ereignissen nachzuweisenden wirklichen Zusammenhangs ein im Kopf des Philosophen gemachter gesetzt wurde, daß die Geschichte im Ganzen, wie in ihren einzelnen Theilstücken gefaßt wurde als die allmählige Verwirklichung von Ideen, und zwar natürlich immer nur der Lieblingsideen des Philosophen selbst. Die Geschichte arbeitete hiernach unbewußt, aber mit Nothwendigkeit, auf ein gewisses, von vornherein feststehendes ideelles Ziel los, wie z. B. bei Hegel auf die Verwirklichung seiner absoluten Idee, und die unverrückbare Richtung auf diese absolute Idee bildete den innern Zusammenhang in den geschichtlichen Ereignissen. An die Stelle des wirklichen, noch unbekannten Zusammenhangs setzte man somit eine neue — unbewußte oder allmählig zum Bewußtsein kommende — mysteriöse Vorsehung. Hier galt es also, ganz wie auf dem Gebiet der Natur, diese gemachten künstlichen Zusammenhänge zu beseitigen durch die Auffindung der wirklichen; eine Aufgabe, die schließlich darauf hinausläuft, die allgemeinen Bewegungsgesetze zu entdecken, die sich in der Geschichte der menschlichen Gesellschaft als herrschende durchsetzen.

Nun aber erweist sich die Entwicklungsgeschichte der Gesellschaft in einem Punkt als wesentlich verschiedenartig von der der Natur. In der Natur sind es — soweit wir die Rückwirkung der Menschen auf die Natur außer Acht lassen — lauter bewußtlose blinde Agentien, die aufeinander einwirken und in deren Wechselspiel das allgemeine Gesetz zur Geltung kommt. Von allem, was geschieht — weder von den zahllosen scheinbaren Zufälligkeiten, die auf der Oberfläche sichtbar werden, noch von den schließlichen, die Gesetzmäßigkeit innerhalb dieser Zufälligkeiten bewährenden Resultaten — geschieht nichts als gewollter bewußter Zweck. Dagegen in der Geschichte der Gesellschaft sind die Handelnden lauter mit Bewußtsein begabte, mit Ueberlegung oder Leidenschaft handelnde, auf bestimmte Zwecke hinarbeitende Menschen; nichts geschieht ohne bewußte Absicht, ohne gewolltes Ziel. Aber dieser Unterschied, so wichtig er für die geschichtliche Untersuchung, namentlich einzelner Epochen und Begebenheiten ist, kann nichts ändern an der Thatsache, daß der Lauf der Geschichte durch innere allgemeine Geseze beherrscht wird. Denn auch hier herrscht auf der Oberfläche, trotz der bewußt gewollten Ziele aller Einzelnen, im Ganzen und Großen scheinbar der Zufall. Nur selten geschieht das Gewollte, in den meisten Fällen durchkreuzen und widerstreiten sich die vielen gewollten Zwecke, oder sind diese Zwecke selbst von vornherein undurchführbar oder die Mittel unzureichend. So führen die Zusammenstöße der zahllosen Einzelwillen und Einzelhandlungen auf geschichtlichem Gebiet einen Zustand herbei, der ganz dem in der bewußtlosen Natur herrschenden analog ist. Die Zwecke der Handlungen sind gewollt, aber die Resultate, die wirklich aus den Handlungen folgen, sind nicht gewollt, oder soweit sie dem gewollten Zweck zunächst doch zu entsprechen scheinen, haben sie schließlich ganz andre als die gewollten Folgen. Die geschichtlichen Ereignisse erscheinen so im Ganzen und Großen ebenfalls als von der Zufälligkeit beherrscht. Wo aber auf der Oberfläche der Zufall sein Spiel treibt, da wird er stets durch innre verborgne Gesetze beherrscht, und es kommt nur darauf an, diese Geseze zu entdecken.

Die Menschen machen ihre Geschichte, wie diese auch immer ausfalle, indem Jeder seine eignen, bewußtgewollten Zwecke verfolgt, und die Resultante dieser vielen in verschiedenen Richtungen agirenden Willen und ihrer mannigfachen Einwirkung auf die Außenwelt ist eben die Geschichte. Es kommt also auch darauf an, was die vielen Einzelnen wollen. Der Wille wird bestimmt durch Leidenschaft oder Ueberlegung. Aber die Hebel, die wieder die Leidenschaft oder die Ueberlegung unmittelbar bestimmen, sind sehr verschiedener Art. Theils können es äußere Gegenstände sein, theils ideelle Beweggründe, Ehrgeiz, „Begeisterung für Wahrheit und Recht", persönlicher Haß oder auch rein individuelle Schrullen aller Art. Aber einerseits haben wir gesehn, daß die in der Geschichte thätigen vielen Einzelwillen meist ganz andre als die gewollten — oft geradezu die entgegengesetzten — Resultate hervorbringen, ihre Beweggründe also ebenfalls für das Gesammtergebniß nur von untergeordneter Bedeutung sind. Andrerseits fragt es sich weiter, welche treibenden Kräfte wieder hinter diesen Beweggründen stehn, welche geschichtlichen Ursachen es sind, die sich in den Köpfen der Handelnden zu solchen Beweggründen umformen?

Diese Frage hat sich der alte Materialismus nie vorgelegt. Seine Geschichtsauffassung, soweit er überhaupt eine hat, ist daher auch wesentlich pragmatisch, beurtheilt alles nach den Motiven der Handlung, theilt die geschichtlich handelnden Menschen in Edle und Unedle und findet dann in der Regel, daß die Edlen die Geprellten und die Unedlen die Sieger sind, woraus dann folgt für den alten Materialismus, daß beim Geschichtsstudium nicht viel Erbauliches herauskommt, und für uns, daß auf dem geschichtlichen Gebiet der alte Materialismus sich selbst untreu wird, weil er die dort wirksamen ideellen Triebkräfte als letzte Ursachen hinnimmt, statt zu untersuchen, was denn hinter ihnen steht, was die Triebkräfte dieser Triebkräfte sind. Nicht darin liegt die Inkonsequenz, daß ideelle Triebkräfte anerkannt werden, sondern darin, daß von diesen nicht weiter zurückgegangen wird auf ihre bewegenden Ursachen. Die Geschichtsphilosophie dagegen, wie sie namentlich durch Hegel vertreten wird, erkennt an, daß die ostensiblen und auch die wirklich thätigen Beweggründe der geschichtlich handelnden Menschen keineswegs die letzten Ursachen der geschichtlichen Ereignisse sind, daß hinter diesen Beweggründen andere bewegende Mächte stehn, die es zu erforschen gilt; aber sie sucht diese Mächte nicht in der Geschichte selbst auf, sie importirt sie vielmehr von Außen, aus der philosophischen Ideologie, in die Geschichte hinein. Statt die Geschichte des alten Griechenlands aus ihrem eignen, innern Zusammenhang zu erklären, behauptet Hegel z. B. einfach, sie sei weiter nichts als die Herausarbeitung der „Gestaltungen der schönen Individualität", die Realisation des „Kunstwerks" als solches. Er sagt viel Schönes und Tiefes bei dieser Gelegenheit über die alten Griechen, aber das hindert nicht, daß wir uns heute nicht mehr abspeisen lassen mit einer solchen Erklärung, die eine bloße Redensart ist.

Wenn es also darauf ankommt, die treibenden Mächte zu erforschen, die — bewußt oder unbewußt, und zwar sehr häufig unbewußt — hinter den Beweggründen der geschichtlich handelnden Menschen stehn und die eigentlichen letzten Triebkräfte der Geschichte ausmachen, so kann es sich nicht sosehr um die Beweggründe bei einzelnen, wenn auch noch so hervorragenden Menschen handeln, als um diejenigen, welche große Massen, ganze Völker und in jedem Volk wieder ganze Volksklassen in Bewegung setzen; und auch dies nicht momentan zu einem vorübergehenden Aufschnellen und rasch verlodernden Strohfeuer, sondern zu dauernder, in einer großen geschichtlichen Veränderung auslaufender Aktion. Die treibenden Ursachen zu ergründen, die sich hier in den Köpfen der handelnden Massen und ihrer Führer — der sogenannten großen Männer — als bewußte Beweggründe klar oder unklar, unmittelbar oder in ideologischer, selbst in verhimmelter Form wiederspiegeln — das ist der einzige Weg, der uns auf die Spur der die Geschichte im Ganzen und Großen, wie in den einzelnen Perioden und Ländern beherrschenden Gesetze führen kann. Alles, was die Menschen in Bewegung setzt, muß durch ihren Kopf hindurch; aber welche Gestalt es in diesem Kopf annimmt, hängt sehr von den Umständen ab. Die Arbeiter haben sich keineswegs mit dem kapitalistischen Maschinenbetrieb versöhnt, seitdem sie die Maschinen nicht mehr, wie noch 1848 am Rhein, einfach in Stücke schlagen.

Während aber in allen früheren Perioden die Erforschung dieser treibenden Ursachen der Geschichte fast unmöglich war — wegen der verwickelten und verdeckten Zusammenhänge mit ihren Wirkungen — hat unsre gegenwärtige Periode diese Zusammenhänge soweit vereinfacht, daß das Räthsel gelöst werden konnte. Seit der Durchführung der großen Industrie, also mindestens seit dem europäischen Frieden von 1815, war es keinem Menschen in England ein Geheimniß mehr, daß dort der ganze politische Kampf sich drehte um die Herrschaftsansprüche zweier Klassen, der grundbesitzenden Aristokratie (landed aristocracy) und der Bourgeoisie (middle class). In Frankreich kam mit der Rückkehr der Bourbonen dieselbe Thatsache zum Bewußtsein; die Geschichtsschreiber der Restaurationszeit von Thierry bis Guizot, Mignet und Thiers sprechen sie überall aus als den Schlüssel zum Verständniß der französischen Geschichte seit dem Mittelalter. Und seit 1830 wurde als dritter Kämpfer um die Herrschaft in beiden Ländern die Arbeiterklasse, das Proletariat anerkannt. Die Verhältnisse hatten sich so vereinfacht, daß man die Augen absichtlich verschließen mußte, um nicht im Kampf dieser drei großen Klassen und im Widerstreit ihrer Interessen die treibende Kraft der modernen Geschichte zu sehn — wenigstens in den beiden fortgeschrittensten Ländern.

Wie aber waren diese Klassen entstanden? Konnte man auf den ersten Blick dem großen, ehmals feudalen Grundbesitz noch einen Ursprung aus — wenigstens zunächst — politischen Ursachen, aus gewaltsamer Besitzergreifung zuschreiben, so ging das bei der Bourgeoisie und dem Proletariat nicht mehr an. Hier lag der Ursprung und die Entwicklung zweier großer Klassen aus rein ökonomischen Ursachen klar und handgreiflich zu Tage. Und ebenso klar war es, daß in dem Kampf zwischen Grundbesitz und Bourgeoisie, nicht minder als in dem zwischen Bourgeoisie und Proletariat, es sich in erster Linie um ökonomische Interessen handelte, zu deren Durchführung die politische Macht als bloßes Mittel dienen sollte. Bourgeoisie und Proletariat waren beide entstanden in Folge einer Veränderung der ökonomischen Verhältnisse, genauer gesprochen der Produktionsweise. Der Uebergang zuerst vom zünftigen Handwerk zur Manufaktur, dann von der Manufaktur zur großen Industrie mit Dampf- und Maschinenbetrieb, hatte diese beiden Klassen entwickelt. Auf einer gewissen Stufe wurden die von der Bourgeoisie in Bewegung gesetzten neuen Produktionskräfte — zunächst die Theilung der Arbeit und die Vereinigung vieler Theilarbeiter in einer Gesammtmanufaktur — und die durch sie entwickelten Austauschbedingungen und Austauschbedürfnisse unverträglich mit der bestehenden, geschichtlich überlieferten und durch Gesetz geheiligten Produktionsordnung, d. h. den zünftigen und den zahllosen andern persönlichen und lokalen Privilegien (die für die nichtprivilegirten Stände ebensoviele Fesseln waren) der feudalen Gesellschaftsverfassung. Die Produktionskräfte, vertreten durch die Bourgeoisie, rebellirten gegen die Produktionsordnung, vertreten durch die feudalen Grundbesitzer und die Zunftmeister; das Ergebniß ist bekannt, die feudalen Fesseln wurden zerschlagen, in England allmählig, in Frankreich mit einem Schlag, in Deutschland ist man noch nicht damit fertig. Wie aber die Manufaktur auf einer bestimmten Entwicklungsstufe in Konflikt kam mit der feudalen, so ist jetzt schon die große Industrie in Konflikt gerathen mit der an ihre Stelle gesetzten bürgerlichen Produktionsordnung. Gebunden durch diese Ordnung, durch die engen Schranken der kapitalistischen Produktionsweise, produzirt sie einerseits eine sich immer steigernde Proletarisirung der gesammten großen Volksmasse, andrerseits eine immer größere Masse unabsetzbarer Produkte. Ueberproduktion und Massenelend, jedes die Ursache des andern, das ist der absurde Widerspruch, worin sie ausläuft und der eine Entfesselung der Produktivkräfte durch Aenderung der Produktionsweise mit Nothwendigkeit fordert.

In der modernen Geschichte wenigstens ist also bewiesen, daß alle politischen Kämpfe Klassenkämpfe, und alle Emanzipationskämpfe von Klassen, trotz ihrer nothwendig politischen Form — denn jeder Klassenkampf ist ein politischer Kampf — sich schließlich um ökonomische Emanzipation drehen. Hier wenigstens ist also der Staat, die politische Ordnung, das untergeordnete, die bürgerliche Gesellschaft, das Reich der ökonomischen Beziehungen, das entscheidende Element. Die althergebrachte Anschauung, der auch Hegel huldigt, sah im Staat das bestimmende, in der bürgerlichen Gesellschaft das durch ihn bestimmte Element. Der Schein entspricht dem. Wie beim einzelnen Menschen alle Triebkräfte seiner Handlungen durch seinen Kopf hindurchgehn, sich in Beweggründe seines Willens verwandeln müssen, um ihn zum Handeln zu bringen, so müssen auch alle Bedürfnisse der bürgerlichen Gesellschaft — gleichviel, welche Klasse grade herrscht — durch den Staatswillen hindurch gehn, um allgemeine Geltung in Form von Gesetzen zu erhalten. Das ist die formelle Seite der Sache, die sich von selbst versteht; es fragt sich nur, welchen Inhalt dieser nur formelle Wille — des Einzelnen wie des Staats — hat, und woher dieser Inhalt kommt, warum grade dies und nichts andres gewollt wird. Und wenn wir hier nachfragen, so finden wir, daß in der modernen Geschichte der Staatswille im Ganzen und Großen bestimmt wird durch die wechselnden Bedürfnisse der bürgerlichen Gesellschaft, durch die Uebermacht dieser oder jener Klasse, in letzter Instanz durch die Entwicklung der Produktivkräfte und der Austauschverhältnisse.

Wenn aber schon in unsrer modernen Zeit mit ihren riesigen Produktions- und Verkehrsmitteln der Staat nicht ein selbständiges Gebiet mit selbständiger Entwicklung ist, sondern sein Bestand wie seine Entwicklung in letzter Instanz zu erklären ist aus den ökonomischen Lebensbedingungen der Gesellschaft, so muß dies noch viel mehr gelten für alle früheren Zeiten, wo die Produktion des materiellen Lebens der Menschen noch nicht mit diesen reichen Hülfsmitteln betrieben wurde, wo also die Nothwendigkeit dieser

Engels, Ludwig Feuerbach. 4

Produktion eine noch größere Herrschaft über die Menschen aus=
üben mußte. Ist der Staat noch heute, zur Zeit der großen
Industrie und der Eisenbahnen, im Ganzen und Großen nur der
Reflex, in zusammenfassender Form, der ökonomischen Bedürfnisse
der die Produktion beherrschenden Klasse, so mußte er dies noch
viel mehr sein zu einer Epoche, wo eine Menschengeneration
einen weit größeren Theil ihrer Gesammt=Lebenszeit auf die
Befriedigung ihrer materiellen Bedürfnisse verwenden mußte, also
weit abhängiger von ihnen war, als wir heute sind. Die Unter=
suchung der Geschichte früherer Epochen, sobald sie ernstlich auf
diese Seite eingeht, bestätigt dies im reichlichsten Maße; hier
kann dies aber selbstredend nicht verhandelt werden.

Wird der Staat und das Staatsrecht durch die ökonomischen
Verhältnisse bestimmt, so selbstverständlich auch das Privatrecht,
das ja wesentlich nur die bestehenden, unter den gegebnen Um=
ständen normalen ökonomischen Beziehungen zwischen den Einzelnen
sanktionirt. Die Form, in der dies geschieht, kann aber sehr ver=
schieden sein. Man kann, wie in England im Einklang mit der
ganzen nationalen Entwicklung geschah, die Formen des alten
feudalen Rechts großentheils beibehalten und ihnen einen bürger=
lichen Inhalt geben, ja, dem feudalen Namen direkt einen bürger=
lichen Sinn unterschieben; man kann aber auch, wie im kontinen=
talen Westeuropa, das erste Weltrecht einer Waaren produzirenden
Gesellschaft, das römische, mit seiner unübertrefflich scharfen Aus=
arbeitung aller wesentlichen Rechtsbeziehungen einfacher Waaren=
besitzer (Käufer und Verkäufer, Gläubiger und Schuldner, Vertrag,
Obligation u. s. w.) zu Grunde legen. Wobei man es zu Nutz
und Frommen einer noch kleinbürgerlichen und halbfeudalen Ge=
sellschaft entweder einfach durch die gerichtliche Praxis auf den
Stand dieser Gesellschaft herunterbringen kann (gemeines Recht),
oder aber mit Hülfe angeblich aufgeklärter, moralisirender Juristen,
es in ein, diesem gesellschaftlichen Stand entsprechendes, apartes

Gesetzbuch verarbeiten kann, welches unter diesen Umständen auch juristisch schlecht sein wird (preußisches Landrecht); wobei man aber auch, nach einer großen bürgerlichen Revolution, auf Grundlage eben dieses römischen Rechtes, ein so klassisches Gesetzbuch der Bourgeoisgesellschaft herausarbeiten kann, wie der französische Code civil. Wenn also die bürgerlichen Rechtsbestimmungen nur die ökonomischen Lebensbedingungen der Gesellschaft in Rechtsform ausdrücken, so kann dies je nach Umständen gut oder schlecht geschehen.

Im Staate stellt sich uns die erste ideologische Macht über den Menschen dar. Die Gesellschaft schafft sich ein Organ zur Wahrung ihrer gemeinsamen Interessen gegenüber inneren und äußeren Angriffen. Dies Organ ist die Staatsgewalt. Kaum entstanden, verselbständigt sich dies Organ gegenüber der Gesellschaft, und zwar um so mehr, je mehr es Organ einer bestimmten Klasse wird, die Herrschaft dieser Klasse direkt zur Geltung bringt. Der Kampf der unterdrückten gegen die herrschende Klasse wird nothwendig ein politischer, ein Kampf zunächst gegen die politische Herrschaft dieser Klasse; das Bewußtsein des Zusammenhangs dieses politischen Kampfes mit seiner ökonomischen Unterlage wird dumpfer und kann ganz verloren gehen. Wo dies auch nicht bei den Betheiligten vollständig der Fall ist, geschieht es fast immer bei den Geschichtschreibern. Von den alten Quellen über die Kämpfe innerhalb der römischen Republik sagt uns nur Appian klar und deutlich, um was es sich schließlich handelte — nämlich um das Grundeigenthum.

Der Staat aber, einmal eine selbständige Macht geworden gegenüber der Gesellschaft, erzeugt alsbald eine weitere Ideologie. Bei den Politikern von Profession, bei den Theoretikern des Staatsrechts und den Juristen des Privatrechts nämlich geht der Zusammenhang mit den ökonomischen Thatsachen erst recht verloren. Weil in jedem einzelnen Falle die ökonomischen Thatsachen die

— 52 —

Form juristischer Motive annehmen müssen, um in Gesetzesform sanktionirt zu werden, und weil dabei auch selbstverständlich Rücksicht zu nehmen ist auf das ganze schon geltende Rechtssystem, deswegen soll nun die juristische Form alles sein, und der ökonomische Inhalt nichts. Staatsrecht und Privatrecht werden als selbständige Gebiete behandelt, die ihre unabhängige geschichtliche Entwicklung haben, die in sich selbst einer systematischen Darstellung fähig sind, und ihrer bedürfen durch konsequente Ausrottung aller inneren Widersprüche.

Noch höhere, d. h. noch mehr von der materiellen, ökonomischen Grundlage sich entfernende Ideologien nehmen die Form der Philosophie und der Religion an. Hier wird der Zusammenhang der Vorstellungen mit ihren materiellen Daseinsbedingungen immer verwickelter, immer mehr durch Zwischenglieder verdunkelt. Aber er existirt. Wie die ganze Renaissancezeit, seit Mitte des fünfzehnten Jahrhunderts, ein wesentliches Produkt der Städte, also des Bürgerthums war, so auch die seitdem neuerwachte Philosophie; ihr Inhalt war wesentlich nur der philosophische Ausdruck der der Entwicklung des Klein- und Mittelbürgerthums zur großen Bourgeoisie entsprechenden Gedanken. Bei den Engländern und Franzosen des vorigen Jahrhunderts, die vielfach ebensowohl politische Oekonomen wie Philosophen waren, tritt dies klar hervor, und bei der Hegel'schen Schule haben wir es oben nachgewiesen.

Gehn wir indeß nur noch kurz auf die Religion ein, weil diese dem materiellen Leben am fernsten steht und am fremdesten zu sein scheint. Die Religion ist entstanden zu einer sehr waldursprünglichen Zeit aus mißverständlichen, waldursprünglichen Vorstellungen der Menschen über ihre eigne und die sie umgebende äußere Natur. Jede Ideologie entwickelt sich aber, sobald sie einmal vorhanden, im Anschluß an den gegebenen Vorstellungsstoff, bildet ihn weiter aus; sie wäre sonst keine Ideologie, d. h. Beschäftigung mit Gedanken als mit selbständigen, sich unabhängig entwickelnden, nur ihren eignen Gesetzen unterworfnen Wesenheiten. Daß die materiellen Lebensbedingungen der Menschen, in deren Köpfen dieser Gedankenprozeß vor sich geht, den Verlauf dieses Prozesses schließlich bestimmen, bleibt diesen Menschen nothwendig unbewußt, denn sonst wäre es mit der ganzen Ideologie am Ende. Diese ursprünglichen religiösen Vorstellungen also, die meist für jede verwandte Völkergruppe gemeinsam sind, entwickeln sich, nach der Trennung der Gruppe, bei jedem Volk eigenthümlich, je nach den ihm beschiednen Lebensbedingungen, und dieser Prozeß ist für eine Reihe von Völkergruppen, namentlich für die arische (s. g. indo-europäische) im Einzelnen nachgewiesen durch die vergleichende Mythologie. Die so bei jedem Volk herausgearbeiteten Götter waren Nationalgötter, deren Reich nicht weiter ging als das von ihnen zu schützende nationale Gebiet, jenseits dessen Grenzen andre Götter unbestritten das große Wort führten. Sie konnten nur in der Vorstellung fortleben, solange die Nation bestand; sie fielen mit deren Untergang. Diesen Untergang der alten Nationalitäten brachte das römische Weltreich, dessen ökonomische Entstehungsbedingungen wir hier nicht zu untersuchen haben. Die alten Nationalgötter kamen in Verfall, selbst die römischen, die eben auch nur auf den engen Kreis der Stadt Rom zugeschnitten waren; das Bedürfniß, das Weltreich zu ergänzen durch eine Weltreligion, tritt klar hervor in den Versuchen, allen irgendwie respektablen fremden Göttern neben den einheimischen in Rom Anerkennung und Altäre zu schaffen. Aber eine neue Weltreligion macht sich nicht in dieser Art durch kaiserliche Dekrete. Die neue Weltreligion, das Christenthum, war im Stillen bereits entstanden aus einer Mischung verallgemeinerter orientalischer, namentlich jüdischer Theologie und vulgarisirter griechischer, namentlich stoischer Philosophie. Wie es ursprünglich aussah, müssen wir erst wieder mühsam erforschen, da seine uns überlieferte offizielle Gestalt nur diejenige ist, in der es Staatsreligion, und diesem Zweck durch das nicänische Konzil angepaßt wurde. Genug, die Thatsache, daß es schon nach 250 Jahren Staatsreligion wurde, beweist, daß es die den Zeitumständen entsprechende Religion war. Im Mittelalter bildete es sich genau im Maaß, wie der Feudalismus sich entwickelte, zu der diesem entsprechenden Religion aus, mit entsprechender feudaler Hierarchie. Und als das Bürgerthum aufkam, entwickelte sich im Gegensatz zum feudalen Katholizismus die protestantische Ketzerei, zuerst in Südfrankreich bei den Albigensern, zur Zeit der höchsten Blüthe der dortigen Städte. Das Mittelalter hatte alle übrigen Formen der Ideologie: Philosophie, Politik, Jurisprudenz, an die Theologie anneftirt, zu Unterabtheilungen der Theologie gemacht. Es zwang damit jede gesellschaftliche und politische Bewegung, eine theologische Form anzunehmen; den ausschließlich mit Religion gefütterten Gemüthern der Massen mußten ihre eignen Interessen in religiöser Verkleidung vorgeführt werden, um einen großen Sturm zu erzeugen. Und wie das Bürgerthum von Anfang an einen Anhang von besitzlosen, keinem anerkannten Stand angehörigen städtischen Plebejern, Tagelöhnern und Dienstleuten aller Art erzeugte, Vorläufern des spätern Proletariats, so theilt sich auch die Ketzerei schon früh in eine bürgerlich-gemäßigte und eine plebejisch-revolutionäre, auch von den bürgerlichen Ketzern verabscheute.

Die Unvertilgbarkeit der protestantischen Ketzerei entsprach der Unbesiegbarkeit des aufkommenden Bürgerthums; als dies Bürgerthum hinreichend erstarkt war, begann sein, bisher vorwiegend lokaler, Kampf mit dem Feudaladel nationale Dimensionen anzunehmen. Die erste große Aktion fand in Deutschland statt — die sogenannte Reformation. Das Bürgerthum war weder stark noch entwickelt genug, um die übrigen rebellischen Stände — die Plebejer der Städte, den niederen Adel und die Bauern auf dem Lande unter seiner Fahne vereinigen zu können. Der Adel wurde zuerst geschlagen; die Bauern erhoben sich zu einem Aufstand, der den Gipfelpunkt dieser ganzen revolutionären Bewegung bildet; die Städte ließen sie im Stich, und so erlag die Revolution den Heeren der Landesfürsten, die den ganzen Gewinn einstrichen. Von da an verschwindet Deutschland auf drei Jahrhunderte aus der Reihe der selbständig in die Geschichte eingreifenden Länder. Aber neben dem Deutschen Luther hatte der Franzose Calvin gestanden; mit echt französischer Schärfe stellte er den bürgerlichen Charakter der Reformation in den Vordergrund, republikanisirte und demokratisirte die Kirche. Während die lutherische Reformation in Deutschland versumpfte und Deutschland zu Grunde richtete, diente die calvinische den Republikanern in Genf, in Holland, in Schottland als Fahne, machte Holland von Spanien und vom deutschen Reiche frei und lieferte das ideologische Kostüm zum zweiten Akt der bürgerlichen Revolution, der in England vor sich ging. Hier bewährte sich der Calvinismus als die echte religiöse Verkleidung der Interessen des damaligen Bürgerthums und kam deshalb auch nicht zu voller Anerkennung, als die Revolution 1689 durch einen Kompromiß eines Theils des Adels mit den Bürgern vollendet wurde. Die englische Staatskirche wurde wiederhergestellt, aber nicht in ihrer früheren Gestalt, als Katholizismus mit dem König zum Papst, sondern stark calvinisirt. Die alte Staatskirche hatte den lustigen katholischen Sonntag gefeiert und den langweiligen calvinistischen bekämpft, die neue verbürgerte führte diesen ein, und er verschönert England noch jetzt.

In Frankreich wurde die calvinistische Minorität 1685 unterdrückt, katholisirt oder weggejagt; aber was half's? Schon damals war der Freigeist Pierre Bayle mitten in der Arbeit, und 1694 wurde Voltaire geboren. Die Gewaltmaßregel Ludwigs XIV. erleichterte nur dem französischen Bürgerthum, daß es seine Revolution in der, der entwickelten Bourgeoisie allein angemessenen irreligiösen, ausschließlich politischen Form machen konnte. Statt Protestanten saßen Freigeister in den

Nationalversammlungen. Dadurch war das Christenthum in sein letztes Stadium getreten. Es war unfähig geworden, irgend einer progressiven Klasse fernerhin als ideologische Verkleidung ihrer Strebungen zu dienen; es wurde mehr und mehr Alleinbesitz der herrschenden Klassen, und diese wenden es an als bloßes Regierungsmittel, womit die untern Klassen in Schranken gehalten werden. Wobei dann jede der verschiedenen Klassen ihre eigne entsprechende Religion benutzt: Die grundbesitzenden Junker die katholische Jesuiterei oder protestantische Orthodoxie, die liberalen und radikalen Bourgeois den Rationalismus; und wobei es keinen Unterschied macht, ob die Herren an ihre respektiven Religionen selbst glauben oder auch nicht.

Wir sehn also: Die Religion, einmal gebildet, enthält stets einen überlieferten Stoff, wie denn auf allen ideologischen Gebieten die Tradition eine große konservative Macht ist. Aber die Veränderungen, die mit diesem Stoff vorgehn, entspringen aus den Klassenverhältnissen, also aus den ökonomischen Verhältnissen der Menschen, die diese Veränderungen vornehmen. Und das ist hier hinreichend.

Es kann sich im Vorstehenden nur um einen allgemeinen Umriß der Marx'schen Geschichtsauffassung handeln, höchstens noch um einige Illustrationen. Der Beweis ist an der Geschichte selbst zu liefern, und da darf ich wohl sagen, daß er in andern Schriften bereits hinreichend geliefert ist. Diese Auffassung macht aber der Philosophie auf dem Gebiet der Geschichte ebenso ein Ende, wie die dialektische Auffassung der Natur alle Naturphilosophie ebenso unnöthig wie unmöglich macht. Es kommt überall nicht mehr darauf an, Zusammenhänge im Kopf auszudenken, sondern sie in den Thatsachen zu entdecken. Für die aus Natur und Geschichte vertriebne Philosophie bleibt dann nur noch das Reich des reinen Gedankens, soweit es noch übrig: die Lehre von den Gesetzen des Denkprozesses selbst, die Logik und Dialektik.

* * *

Mit der Revolution von 1848 ertheilte das „gebildete" Deutschland der Theorie den Absagebrief und ging über auf den Boden der Praxis. Das auf der Handarbeit beruhende Kleingewerbe und die Manufaktur wurden ersetzt durch eine wirkliche große Industrie; Deutschland erschien wieder auf dem Weltmarkt; das neue kleindeutsche Reich beseitigte wenigstens die schreiendsten Mißstände, die die Kleinstaaterei, die Reste des Feudalismus und die büreaukratische Wirthschaft dieser Entwicklung in den Weg gelegt hatten. Aber in demselben Maß, wie die Spekulation aus der philosophischen Studirstube auszog, um ihren Tempel zu errichten auf der Fondsbörse, in demselben Maß ging auch dem gebildeten Deutschland jener große theoretische Sinn verloren, der der Ruhm Deutschlands während der Zeit seiner tiefsten politischen Erniedrigung gewesen war — der Sinn für rein wissenschaftliche Forschung, gleichviel, ob das erreichte Resultat praktisch verwerthbar war oder nicht, polizeiwidrig oder nicht. Zwar hielt sich die deutsche offizielle Naturwissenschaft, namentlich auf dem Gebiet der Einzelforschung, auf der Höhe der Zeit, aber schon das amerikanische Journal „Science" bemerkt mit Recht, daß die entscheidenden Fortschritte auf dem Gebiet der großen Zusammenhänge zwischen den Einzelthatsachen, ihre Verallgemeinerung zu Gesetzen, jetzt weit mehr in England gemacht werden, statt wie früher in Deutschland. Und auf dem Gebiet der historischen Wissenschaften, die Philosophie eingeschlossen, ist mit der klassischen Philosophie der alte theoretisch-rücksichtslose Geist erst recht verschwunden; gedankenloser Eklekticismus, ängstliche Rücksicht auf Carrière und Einkommen, bis herab zum ordinärsten Streberthum sind an seine Stelle getreten. Die offiziellen Vertreter dieser Wissenschaft sind die unverhüllten Ideologen der Bourgeoisie und des bestehenden Staats geworden — aber zu einer Zeit, wo beide im offnen Gegensatz stehn zur Arbeiterklasse.

Und nur bei der Arbeiterklasse besteht der deutsche theoretische Sinn unverkümmert fort. Hier ist er nicht auszurotten; hier finden keine Rücksichten statt auf Carrière, auf Profitmacherei, auf gnädige Protektion von Oben; im Gegentheil, je rücksichtsloser und unbefangener die Wissenschaft vorgeht, desto mehr befindet sie sich im Einklang mit den Interessen und Strebungen der Arbeiter. Die neue Richtung, die in der Entwicklungsgeschichte der Arbeit den Schlüssel erkannte zum Verständniß der gesammten Geschichte der Gesellschaft, wandte sich von vornherein vorzugsweise an die Arbeiterklasse, und fand hier die Empfänglichkeit, die sie bei der offiziellen Wissenschaft weder suchte noch erwartete. Die deutsche Arbeiterbewegung ist die Erbin der deutschen klassischen Philosophie.

Anhang.

Marx über Feuerbach

(niedergeschrieben in Brüssel im Frühjahr 1845).

1.

Der Hauptmangel alles bisherigen Materialismus — den Feuerbach'schen mit eingerechnet — ist, daß der Gegenstand, die Wirklichkeit, Sinnlichkeit, nur unter der Form des Objekts oder der Anschauung gefaßt wird; nicht aber als **menschliche sinnliche Thätigkeit**, Praxis, nicht subjektiv. Daher geschah es, daß die thätige Seite, im Gegensatz zum Materialismus, vom Idealismus entwickelt wurde — aber nur abstrakt, da der Idealismus natürlich die wirkliche, sinnliche Thätigkeit als solche nicht kennt. Feuerbach will sinnliche, von den Gedankenobjekten wirklich unterschiedene Objekte; aber er faßt die menschliche Thätigkeit selbst nicht als **gegenständliche** Thätigkeit. Er betrachtet daher im „Wesen des Christenthums" nur das theoretische Verhalten als das echt menschliche, während die Praxis nur in ihrer schmutzig-jüdischen Erscheinungsform gefaßt und fixirt wird. Er begreift daher nicht die Bedeutung der „revolutionären", der praktisch-kritischen Thätigkeit.

2.

Die Frage, ob dem menschlichen Denken gegenständliche Wahrheit zukomme, ist keine Frage der Theorie, sondern eine praktische Frage. In der Praxis muß der Mensch die Wahrheit, d. h. die Wirklichkeit und Macht, die Diesseitigkeit seines Denkens beweisen. Der Streit über die Wirklichkeit oder Nichtwirklichkeit eines Denkens, das sich von der Praxis isolirt, ist eine rein scholastische Frage.

3.

Die materialistische Lehre, daß die Menschen Produkte der Umstände und der Erziehung, veränderte Menschen also Produkte anderer Umstände und geänderter Erziehung sind, vergißt, daß die Umstände eben von den Menschen verändert werden, und daß der Erzieher selbst erzogen werden muß. Sie kommt daher mit Nothwendigkeit dahin, die Gesellschaft in zwei Theile zu sondern, von denen der eine über der Gesellschaft erhaben ist. (Z. B. bei Robert Owen.)

Das Zusammenfallen des Aenderns der Umstände und der menschlichen Thätigkeit kann nur als umwälzende Praxis gefaßt und rationell verstanden werden.

4.

Feuerbach geht aus von dem Faktum der religiösen Selbstentfremdung, der Verdopplung der Welt in eine religiöse, vorgestellte, und eine wirkliche Welt. Seine Arbeit besteht darin, die religiöse Welt in ihre weltliche Grundlage aufzulösen. Er übersieht, daß nach Vollbringung dieser Arbeit die Hauptsache noch zu thun bleibt. Die Thatsache nämlich, daß die weltliche Grundlage sich von sich selbst abhebt, und sich, ein selbständiges Reich, in den Wolken fixirt, ist eben nur aus der Selbstzerrissenheit und dem Sichselbst-Widersprechen dieser weltlichen Grundlage zu erklären. Diese selbst muß also erstens in ihrem Widerspruch verstanden, und sodann durch Beseitigung des Widerspruchs praktisch revolutionirt werden. Also z. B., nachdem die irdische

Familie als das Geheimniß der heiligen Familie entdeckt ist, muß nun erstere selbst theoretisch kritisirt und praktisch umgewälzt werden.

5.

Feuerbach, mit dem abstrakten Denken nicht zufrieden, appellirt an die sinnliche Anschauung; aber er faßt die Sinnlichkeit nicht als praktische, menschlich-sinnliche Thätigkeit.

6.

Feuerbach löst das religiöse Wesen in das menschliche Wesen auf. Aber das menschliche Wesen ist kein, dem einzelnen Individuum innewohnendes Abstraktum. In seiner Wirklichkeit ist es das Ensemble der gesellschaftlichen Verhältnisse.

Feuerbach, der auf die Kritik dieses wirklichen Wesens nicht eingeht, ist daher gezwungen:

1. von dem geschichtlichen Verlauf zu abstrahiren und das religiöse Gemüth für sich zu fixiren, und ein abstrakt — isolirt — menschliches Individuum vorauszusetzen;

2. kann bei ihm daher das menschliche Wesen nur als „Gattung", als innere, stumme, die vielen Individuen blos natürlich verbindende Allgemeinheit gefaßt werden.

7.

Feuerbach sieht daher nicht, daß das „religiöse Gemüth" selbst ein gesellschaftliches Produkt ist, und daß das abstrakte Individuum, das er analysirt, in Wirklichkeit einer bestimmten Gesellschaftsform angehört.

8.

Das gesellschaftliche Leben ist wesentlich praktisch. Alle Mysterien, welche die Theorie zum Mysticismus verleiten, finden ihre rationelle Lösung in der menschlichen Praxis und im Begreifen dieser Praxis.

9.

Das Höchste, wozu der anschauende Materialismus es bringt, d. h. der Materialismus, der die Sinnlichkeit nicht als praktische Thätigkeit begreift, ist die Anschauung der einzelnen Individuen in der „bürgerlichen Gesellschaft".

10.

Der Standpunkt des alten Materialismus ist die „bürgerliche" Gesellschaft; der Standpunkt des neuen, die menschliche Gesellschaft, oder die vergesellschaftete Menschheit.

11.

Die Philosophen haben die Welt nur verschieden interpretirt, es kommt aber darauf an, sie zu verändern.